Carlos Sérgio

WOLFGANG AMADEUS MOZART

Richard Baker

WOLFGANG AMADEUS MOZART

segunda edição

Tradução:
Marco Antônio Esteves da Rocha

Jorge Zahar Editor
Rio de Janeiro

Título original: *Mozart*

Tradução autorizada da primeira edição inglesa publicada
em 1982 por Thames and Hudson Ltd, de Londres, Inglaterra

Jorge Zahar Editor Ltda.
rua México 31 sobreloja
20031 Rio de Janeiro, RJ

Segunda edição: 1988

Produção *Revisão:* Lúcia Maria Jahn (texto); Lúcia Mousinho, Robson Ramos, Renato Carvalho (tip.); *Diagramação:* Jussara Bivar (texto); Ana Cristina Zahar (fotos); *Arte-final:* Tonico Fernandes (texto); Carlos Alberto de Araújo (fotos); *Capa:* Antonio Sampaio (arte-final); *Composição:* ALcomp Ltda.; *Impressão:* Tavares e Tristão Gráfica e Editora de Livros Ltda.

ISBN: 85-85061-25-1

SUMÁRIO

NOTA DO AUTOR

Eu gostaria de expressar minha gratidão a Timothy Joss, por sua ampla assistência na pesquisa e a Margaret Dowson, que decifrou meu manuscrito e o datilografou com perfeição.

PREFÁCIO

Em todas as épocas, em maior ou menor medida, o senhor que paga escolhe a canção que será tocada, e os músicos sempre tiveram que agradar a alguém para não passar fome. Hoje em dia, órgãos do governo e autoridades de espírito cívico, grupos econômicos benevolentes e firmas comerciais tomaram o lugar dos indivíduos ricos como patrocinadores da música. Tais organizações, existindo um mínimo de bom senso, podem muitas vezes apresentar uma tolerância notável em relação a experiências novas; na realidade, quanto mais vanguardista o opus, mais crédito o patrocinador poderá esperar ganhar por sua visão desinteressada.

Nem sempre foi assim. Aqueles que mantinham Händel e Haydn vivos não estavam preparados para esperar pelo julgamento da posteridade. Eles queriam sentir um prazer tão imediato com a música quanto com a comida, e tendiam a julgar ambos, em grande parte, pelos mesmos critérios. Inovações? Bem, talvez uma tênue sombra, mas não muito, nem com muita freqüência.

É claro que havia patrões liberais. Mas até o melhor deles exigia uma dedicação que poderia parecer uma escravidão para um artista de espírito. Mozart era um desses artistas. Ele se rebelou contra as cadeias respeitáveis que seu pai tinha aprendido a usar. Apesar disso, pelo resto de sua vida – tais eram as condições vigentes na época – ele buscou uma situação estável na corte, que lhe poupasse as ansiedades de uma vida de artista independente.

Beethoven era apenas quatorze anos mais novo do que Mozart, mas pertenceu a uma época diferente. A irreverência que Mozart geralmente restringia a suas cartas particulares irrompeu em Beethoven na recusa declarada de tirar o seu chapéu à autoridade. O espírito revolucionário estava à solta, e a maré do Romantismo começava a subir, trazendo com ela o culto do indivíduo. Embora desafiasse o velho sistema, Mozart tinha que conviver com ele, o que incluía trabalhar dentro da linguagem musical vigente na época. Para ele, nada de arrebentar furiosamente pianos, nem de romper as barreiras da forma sinfônica com um *finale coral.* Em vez disso, uma abordagem disciplinada que mantinha as emoções mais fortes dentro do contexto das boas maneiras musicais. "As paixões, sejam elas violentas ou não", escreveu Mozart a respeito da ópera, "nunca devem ser expressas de forma a atingir o ponto de causar repulsa; e a música, mesmo nas situações de maior horror, nunca deve ser penosa para o ouvido, mas deve sim adulá-lo e encantá-lo, e assim permanecer sempre música".

Fazer uso consciente da música como um veículo para transmitir os próprios sentimentos do compositor, como fizeram Berlioz e Tchaikovsky, teria sido ainda mais impensável na época de Mozart. Existia então uma irmandade européia de músicos criativos que se alimentava numa tradição melódica comum. Não se dava grande destaque à originalidade, e de fato um musicólogo fez uma estimativa de que oitenta por cento das melodias de Mozart apareceram também na música de seus contemporâneos.* Gradualmente esse espírito fraternal foi se desgastando, dando lugar a uma competitividade que exigia estilos individuais definidos, uma espécie de hostilidade formal. Os compositores dos dias de Mozart não passaram pela angústia de "encontrar a sua própria voz" que atormenta os compositores sérios do século XX. Tal atomização simplesmente não existia,

*B. Szabolcsi, "*Folk music – Art music – History of music*", *Studia Musicologica*, Budapeste, 1965, vii, 171-9.

pois o compositor era meramente requisitado para produzir, mediante ordem, uma determinada quantidade de uma mercadoria.

Ainda assim, para muitos, Mozart é o maior dos compositores. Não há palavras que possam fazer justiça a sua simplicidade ou a seu caráter sublime; ele é, como Shakespeare, atemporal. Mas, ainda com todo o seu gênio transcendental, é enriquecedor olhá-lo como um filho de seu tempo. Afinal, a força de Mozart foi gerada pela represa do século XVIII.

capítulo 1

O MUNDO EM QUE MOZART VIVEU

Um visitante moderno, conhecedor da graça da música de Mozart, pode muito bem ficar surpreso com a sólida grandeza de sua cidade natal. A grande Catedral de S. Rupert, consagrada com uma semana de comemorações em 1628, possui uma dignidade maciça que nem sempre é associada ao barroco; as torres, agulhas e pátios são de proporções esplêndidas, e o Palácio do Arcebispo, que ocupa uma grande área no centro da cidade velha, é digno de um monarca. Apropriadamente, já que os príncipes-arcebispos de Salzburgo exerceram o poder temporal, além de espiritual, sobre a cidade e o distrito desde que o bispo Rupert foi enviado para lá como missionário, no ano de 696.

A cidade é dominada por um castelo medieval, o Hohensalzburg, e uma cadeia de montanhas vai desde a fortaleza, que segue ao longo da periferia sul da cidade, até o Mönchsberg. Sem dúvida, isso outrora se constituía numa característica defensiva admirável, mas tinha também o efeito de comprimir uma mini-metrópole num espaço pequeno, limitado no flanco norte pelo rio Salzach. O arcebispo Wolf Dietrich, que deu início à construção da Catedral e do Palácio, estendeu a cidade para o outro lado do rio, quando mandou construir, na outra margem, para a sua amante, o que é agora o Palácio Mirabel. Mas, apesar de todo o crescimento ocorrido, naquela época e mais tarde, há ainda alguma coisa de claustrofóbico em Salzburgo.

Ou será esse sentimento inspirado meramente pela consciência de que Mozart estava ansioso para sair desse lugar?

Ele nasceu numa época em que a situação dos músicos estava mudando. Seu pai Leopold, um homem capaz, que se graduou com distinção em uma escola jesuíta de Augsburgo e continuou sua formação na Universidade de Salzburgo antes de abandonar seus estudos genéricos em favor da música, estabeleceu-se naquilo que era ainda o emprego mais freqüente para os músicos – uma colocação permanente na casa de um nobre. Ele serviu sucessivamente a cinco príncipes-arcebispos de Salzburgo, num total de quarenta anos, sem nunca ter obtido o cobiçado título de *Kapellmeister*, Mestre de Música. Mas sua condição de empregado não impediu que ele publicasse, em 1756, ano do nascimento de seu famoso filho, uma "Escola do Violino" que conquistou reputação internacional, e ainda é estudada nos dias de hoje. Leopold tinha bastante consciência de que existia um mundo fora de Salzburgo, e chegava quase a ser excessiva a sua ansiedade em ver o filho vencer nesse mundo.

Um certo número de compositores do século XVIII conseguiu libertar-se de seus protetores aristocráticos e entrar em negociação direta com o público musical. Isso aconteceu em parte porque uma nova audiência de classe média se tornava cada vez maior. Concertos de assinatura começaram a aparecer em cidades grandes como Londres, Hamburgo e Paris, onde se estabeleceu o famoso Concert Spirituel em 1725. Numerosas sociedades musicais estavam sendo formadas, periódicos de música começavam a surgir nos primeiros anos do século, e editores como a Astaria, de Haydn, estavam começando a impor uma influência que se tornaria dominante no futuro.

Assim, várias oportunidades se apresentavam para o músico na metade do século XVIII. Nos seus primeiros anos de carreira, Händel ganhava a vida como organista em Halle. Suas primeiras óperas produzidas na Itália tiveram a ajuda de protetores aristocráticos, e em pouco tempo tornou-se *Kapellmeister* do Príncipe Eleitor * de Hano-

* Príncipe Eleitor – diz-se dos príncipes que tinham o direito de participar, com seu voto, na eleição do Imperador do Sagrado Império Romano, sistema que remonta à época de Carlos Magno (1356). (N.T.)

ver. Então mudou-se para Londres, onde realizou contratos com teatros, continuou a produzir trabalhos para encenação sob os auspícios da Royal Academy of Music, formada em 1719, usufruiu do privilégio de direitos autorais a ele concedidos pelo rei Jorge I em 1720, e, excluídas algumas fases ruins, ganhou dinheiro suficiente para fazer apresentações de caridade e tornar-se um contribuinte regular do Fundo de Beneficência dos Músicos desde sua criação em 1738.

Bach, depois de uma época como *Kapellmeister* do príncipe Leopold de Anhat-Cöthen, tornou-se regente do coral da Escola de S. Tomás, em Leipzig, e passou o resto da vida como empregado do conselho da cidade. Ele era obrigado a informar ao burgomestre quando queria ausentar-se de Leipzig, e teve que prometer não fazer música sacra "muito longa ou muito lírica". Mas teve possibilidade de melhorar seu modesto salário com diversos "extras" e de expandir sua área de atuação, trabalhando para a Universidade e dirigindo a Sociedade de Canto Telemann. Este era um "*colegium musicum*", um outro meio cada vez mais popular de levar a música para fora dos recintos dos castelos e das igrejas.

Haydn, nos seus vinte e tantos anos, trabalhou a serviço da família Esterházy, tornando-se *Kapellmeister* em 1766. Embora lhe desagradasse intensamente o isolamento da propriedade de campo do príncipe Nicolau, em Esterháza, onde os músicos tinham que passar a maior parte de seu tempo, foi lá que Haydn produziu algumas das suas músicas mais inventivas e de melhor qualidade. Seu encontro com o editor Astaria aconteceu em 1780, data a partir da qual seu contrato com os Esterházy lhe permitiu que viajasse e promovesse suas composições como desejasse. "As artes livres e a linda arte da composição", escrevia Haydn em 1778, "não toleram cadeias. O espírito e a alma têm que estar livres para que possamos explorar nossos desertos." Felizmente, Haydn viveu tempo bastante para colher os frutos de uma recompensa adequada. Em 1790, ele aposentou-se do serviço com a família Esterházy com uma pensão que foi gradativamente aumentada, fez viagens imensamente bem-sucedidas a Londres e acabou por se estabelecer em Viena, onde viveu na velhice, tendo aprendido a preservar sua independência econômica.

(Mas muito tempo antes de deixar seus protetores aristocráticos, eles o haviam recompensado com manifestações de alta estima, nenhuma aparentemente mais reveladora do que a ordem dada pelo príncipe Esterházy ao superintendente do vinho para "entregar um quarto de galão do vinho dos oficiais" para Haydn diariamente.)

O precursor de Mozart no restabelecimento da verdade e da dignidade à cena musical, Christoph Willibald Gluck, casou-se com uma mulher rica, o que sempre foi uma maneira de equilibrar o orçamento. Ele também trabalhou para diversos empregadores, desde casas de príncipes até a administração da Ópera de Paris. Seus últimos anos trouxeram decepção e enfermidade, mas mesmo assim ele saía diariamente, na sua própria carruagem, de uma boa casa em Viena, cidade onde era altamente respeitado como um profissional destacado da arte da música.

Na comunidade mais limitada de Salzburgo, Leopold Mozart, um homem reservado, ciente de seu status e nada afeito a amizades indiscriminadas com seus colegas músicos, considerava-se semelhante aos mercadores bem-sucedidos ou outros profissionais. Assim, ele estabeleceu relações amigáveis com, entre outras, as famílias do cirurgião da corte Andreas Gilowsky, do chanceler Franz von Mölk, o médico particular do príncipe, Dr. Silvester Barisani, e Georg Josef Robinig, um comerciante de ferragens e senhorio de Barisani.

Sendo um homem culto, cujas matérias de estudo incluíram dialética e física, Leopold estaria aberto ao espírito predominante na "época do iluminismo", com sua crítica racional de todas as instituições feudais, sua crença nos direitos políticos e sociais, e no progresso no sentido de uma sociedade mais igualitária. A mente humana sem limitações se tornaria o árbitro da verdade, e um enfoque científico e objetivo era necessário para o estudo da música, assim como de outras matérias. Johann Adolf Scheibe, cujo nome é lembrado sobretudo como o autor de um ataque a Bach, o último grande mestre da polifonia abstrata, definiu a atitude adequada de um compositor do meio do século assim: "Os músicos têm que pensar naturalmente e possuir uma razão iluminada. . . o raciocínio sensato e o conhecimento da ciência da beleza criam o bom gosto na música."

Havia uma outra força agindo sobre os Mozart, pai e filho, que encorajou um enfoque igualitário e racional da vida e da arte. A maçonaria se estabeleceu na Alemanha na segunda década do século XVIII e espalhou-se rapidamente pela burguesia, embora sua influência fosse amplamente disseminada também nos círculos aristocráticos e mesmo em meio ao clero, apesar do edital do papa Clemente XII de 1738 proibindo que os católicos aderissem. Particularmente fortes no sul da Alemanha e na Áustria eram os membros maçônicos conhecidos como "Illuminati", cujos objetivos eram de caráter fortemente ético. Adam Weishaupt, seu fundador, chegou a ponto de declarar que "A propriedade acumulada é um obstáculo intransponível para a felicidade de uma nação", enquanto um dos objetivos gerais da maçonaria era "combater a superstição e o fanatismo nas pessoas das ordens monacais, os principais sustentadores de ambos esses males", possuidores de "uma superfluidade de bens". A maçonaria, naturalmente, era encarada com uma desconfiança que muitas vezes atingia a hostilidade aberta de muitas autoridades do Estado e da Igreja, entre elas os líderes eclesiásticos de Salzburgo. Aí os *Illuminati* se encontravam à noite numa grota solitária na vizinha Aigen, agora conhecida como "Illuminaten-Höhle". Mozart assistiu a algumas dessas reuniões, dando lugar à suposição de que ele pode ter sido um *Illuminati.* Certamente ele seguiu seu pai tornando-se um maçom, uma atitude que deu frutos em diversas obras, sobretudo em *A Flauta Mágica,* cuja estória reflete rituais maçônicos. Nos últimos anos do século XVIII, quando as idéias democráticas explodiram com violência na Revolução Francesa, a maçonaria, juntamente com outras noções "iluministas" perderam o favoritismo nos círculos de poder austríacos, mas na época em que Leopold Mozart entrou para o serviço da corte em Salzburgo, até o próprio príncipe, o barão Leopold Firmian, era suspeito de pertencer à maçonaria (embora seja difícil de compreender como isso poderia ser conciliado com a expulsão de vinte mil protestantes).

O sucessor de Firmian, conde Jakob Ernst, era muito dado às

diversões, como também o era o príncipe-arcebispo que o seguiu, conde Andreas Dietrichstein. O conde Sigismund Schrattenbach, que assumiu o cargo em 1753, foi um reformador que se dedicou a aumentar o tom de moralidade em Salzburgo, mas felizmente para os Mozart ele gostava de música, e os tratava com uma indulgência despreocupada.

A irmã de Mozart, Maria Anna ("Nannerl"), que nasceu em julho de 1751 e viveu perto de quarenta anos a mais do que o irmão, nas suas memórias fez a lista dos músicos empregados pela corte de Salzburgo. Além do *Kapellmeister* e de seu assistente havia cinco violinistas, dois violoncelistas, um que tocava viola, dois fagotistas, três trompistas, três oboístas, três flautistas, um trompetista e dois organistas – uma orquestra de câmara de tamanho médio. Sempre havia pedidos de música para a Catedral, de música de fundo para jantares, como também de música para concertos mais formais e apresentações teatrais. Leopold Mozart, além de sua habilidade no violino, era competente, é o que se conta, ao compor todos os gêneros de música. Visto que a música naquela época era uma das maneiras básicas de entreter e impressionar visitantes de Estado, e uma vez que Leopold tinha permissão para escrever e tocar em outras casas além da do arcebispo, ele era um homem bem-sucedido e muito ocupado quando sua esposa Anna Maria deu à luz a segunda das suas sete crianças que sobreviveram. Ele foi batizado de Joannes Chrysostomus Wolfgangus Theophilus: Theophilus na sua forma latina é Amadeus.

capítulo 2

UM PRODÍGIO DA NATUREZA 1756-1771

Os turistas que visitam o lugar onde Mozart nasceu, Getreidegasse no. 9, andam em grandes grupos dentro de uma casa solidamente construída na cidade, numa rua estreita e sem tráfego, de lojas prósperas. A casa, antigamente número 225 e parte integrante de uma praça elegante que não existe mais, era propriedade de Johann Lorenz Hagenauer, um comerciante de hortigranjeiros no atacado, que alugava seu terceiro andar para os Mozart. A moradia era modesta mas confortável, e foi lá, num quarto de teto baixo com uma pequena janela que dava para um pátio interno, que o novo bebê nasceu.

Leopold não perdeu tempo para ensinar música a seus filhos, e em 1760 escreveu uma nota ao lado das primeiras oito peças do livro de música de Nannerl que dizia que "os oito minuetos precedentes foram aprendidos por Wolfgangerl aos quatro anos". O talento musical do jovem menino não era surpreendente, pois seu avô materno, como também seu pai demonstravam muita aptidão para a arte. Também de seu avô, Wolfgang herdou um amor pela alegria que não era visivelmente presente em seu pai, e todos os que conheceram o grande compositor quando era menino lembram-se de seu espírito alegre.

"Antes de começar uma música", relembrou Johann Andreas

Schachtner, o trompetista da corte, logo após a morte de Mozart, "ele estava sempre tão pronto para qualquer brincadeira temperada com um pouco de humor que era bem capaz de esquecer de comer, beber e todas as outras coisas."

A vivacidade de sua mente impressionou fortemente à sua irmã Nannerl. "Ele tinha vontade de aprender tudo em que punha os olhos" escreveu ela em anos posteriores: "Ele demonstrava muita habilidade para desenhar e somar, mas, como estava ocupado demais com a música, não podia exibir seus talentos em qualquer outra direção." Logo, parece, a música invadiu toda a sua vida: mesmo as brincadeiras de criança, de acordo com Schachtner, "tinham que ter acompanhamento musical para serem capazes de interessá-lo; se nós, ele e eu, estivéssemos carregando os brinquedos de um lugar para outro, aquele de nós que estivesse com as mãos vazias tinha que cantar ou assoviar uma marcha." Wolfgang inventou até um ritual musical para a hora de dormir, que, segundo Nannerl, conservou até os dez anos de idade: "ele compunha uma melodia que cantava alto todos os dias antes de dormir, o pai tinha que colocá-lo numa cadeira e cantar a segunda parte e, quando essa cerimônia, que não podia ser esquecida em nenhuma ocasião, terminava, ele beijava seu pai com muita ternura e ia para a cama tranqüilo e contente."

É claro que Mozart adorava seus pais, e particularmente o pai, por quem tinha muito carinho. Afetuoso como era, ele exigia constantes reafirmações de amor, e se alguém o provocava em relação a isso "lágrimas brilhavam em seus olhos, tão terno e bondoso era seu coração." Schachtner percebeu que havia perigos num temperamento tão mercurial: "Ele tinha uma disposição fogosa; nenhum objeto prendia por mais do que um fio a sua atenção. Acho que, se ele não tivesse tido as vantagens de uma boa educação como teve, poderia ter se tornado o mais cruel dos vilões, de tal forma era suscetível a todo tipo de atração, cujo caráter bom ou mau ele não era ainda capaz de discernir." A presteza com que Mozart, nos seus oito anos, largava o harpsicórdio quando o gato favorito entrava no quarto, e a facilidade que ele demonstrava para aprender truques com as cartas ou macetes de esgrima com os visitantes, quando se recuperava de sua doença, longe de justificar o adjetivo "cruel", são testemunha de uma natureza aberta à distração.

Uma compreensão de Mozart na infância é muito importante para conhecer seu desenvolvimento posterior, pois, na visão de sua irmã, "ele era, exceto por sua música, quase sempre uma criança, e assim permaneceu. Essa é uma característica básica de seu caráter em seu lado não conhecido. Ele sempre precisou dos cuidados de um pai, mãe ou guardião: era incapaz de administrar suas questões financeiras." Nannerl seguia dizendo em suas memórias, talvez injustamente, que ele casou-se com uma mulher inadequada para ele, o que levou ao grande caos doméstico quando da sua morte e depois dela.

É difícil imaginar como alguma esposa poderia ter se equiparado ao orgulho protetor dos pais do jovem Mozart, de quem ele herdou a inteligência profunda, mas, ao que parece, pouco no sentido da beleza. Leopold e Anna Maria tinham sido conhecidos como o casal mais bonito de Salzburgo, e Nannerl era considerada muito bonita. Wolfgang, porém, foi descrito por sua irmã mais velha, apesar de toda a devoção que ela lhe dedicava, como sendo "pequeno, magro, pálido e inteiramente desprovido de quaisquer pretensões no que diz respeito à fisionomia ou aparência corporal."

Contudo, não há nada que sugira que ele era inadequado para os rigores do regime educacional de Leopold, que abarcavam muitos assuntos além da música, e a evidência disponível sugere que ele aproveitou bem a sua primeira infância. Embora severo e exigente, Leopold recebia as evidências crescentes do talento, sob todos os aspectos excepcional, de Wolfgang com profunda emoção, como demonstra o seguinte incidente.

Leopold estava ensaiando alguns trios com dois colegas favoritos da orquestra da corte, Wentzel e Schachtner, quando Wolfgang pediu que lhe permitissem tocar o segundo violino. Leopold recusou, dizendo que ele ainda não tinha tido nenhuma instrução no instrumento. (Embora Wolfgang devesse ser muito jovem na época, essa afirmação pode não ter sido totalmente verdadeira, porque conta-se que o menino estava segurando "um pequeno violino" no momento do incidente, e se retirou amuado.) Schachtner então sugeriu que

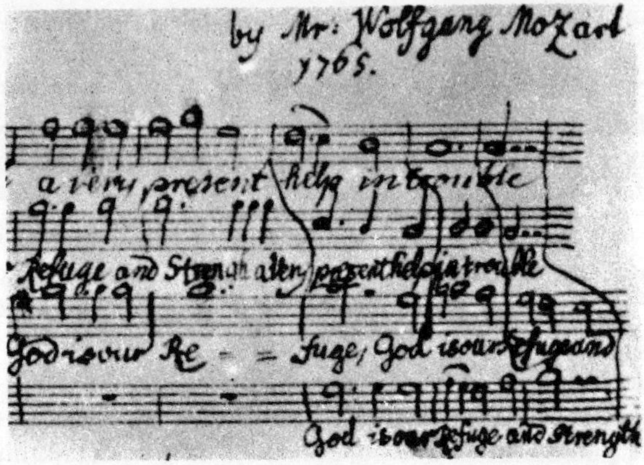

Autógrafo do moteto "Deus é nosso Refúgio", que Leopold presenteou ao Museu Britânico em 1765.

fosse permitido ao menino tocar o segundo violino junto com ele. "Está bem", disse Leopold, "mas toque bem baixo para que não o escutemos, ou você terá que ir embora". "E foi assim que Wolfgang tocou comigo", recorda Schachtner para Nannerl. "Logo notei com assombro que eu era totalmente supérfluo. Silenciosamente larguei meu violino e olhei para seu pai. Lágrimas de surpresa e prazer corriam por seu rosto."

Em 1761, Leopold pôde escrever ao lado de um *andante* e de um *allegro* compostos entre fevereiro e abril daquele ano: "Composições de Wolfgangerl nos primeiros três meses depois de seu quinto aniversário". Mais surpresa e alegria para o pai orgulhoso, que já estava planejando fazer com que todo o mundo soubesse da existência de seu brilhante rebento.

Não teria ocorrido a Leopold a possibilidade de que houvesse alguma coisa de errado em explorar os talentos de Nannerl e Wolfgang. Como diz Henry Raynor em seu livro sobre Mozart:* "A infância, como algo diferente em sua natureza da vida adulta, é uma descoberta do início do movimento romântico. Leopold nunca tomou consciência, não mais que qualquer outro no século XVIII, de que as crianças não são simplesmente pequenos adultos." De acordo com esse ponto de vista, ele planejou uma série de excursões que capitalizariam o interesse, então na moda, em prodígios da natureza, convencendo a si mesmo de que, independente de qualquer benefício econômico que pudesse obter, era seu dever "provar o milagre" do gênio de seu filho ao mundo, numa época em que "tudo que é chamado de milagre é ridicularizado."

Qualquer viagem, nesses dias, exigia coragem e perseverança quase que além de nossa imaginação e, ao que parece, as condições na Alemanha e na Áustria eram as piores da Europa. Tanto o cantor Michael Kelly quanto o estudioso de música Charles Burney queixam-se amargamente das taxas extorsivas a que estavam sujeitos — pelo aluguel de veículos e cavalos, tarifas, pedágios e engraxamento das rodas, sem falar na graxa para as palmas das mãos dos estalajadeiros "que roubam qualquer bagagem em que eles consigam pôr as mãos." Burney, como os Mozart na sua primeira excursão, viajou por transporte público e "não encontraram nem uma cadeira ou carruagem que tivesse um toldo ou cobertura para proteger os passageiros do calor, vento, frio ou chuva; e os trancos são tão violentos, e os assentos tão duros nos vagões postais alemães que uma pessoa é chutada, mais do que transportada de um lugar para outro". Também Michael Kelly relembra uma viagem horrível de vagão postal: "era um perfeito triturador de ossos! Enquanto nos submetíamos a suas operações, nada poderia ter sido mais capaz de aumentar esses tormentos do que a fleuma imperturbável do cocheiro. O que quer que

---

* *Macmillan*, 1978.

As Excursões de Mozart

Mapa mostrando as principais cidades e metrópoles visitadas por Mozart. O itinerário das três excursões mais importantes estão indicados. A grande excursão e a primeira excursão italiana começaram a partir de Salzburgo, a alemã a partir de Viena.

se sofra, o que quer que se diga, lá ele se assenta, senhor do nosso tempo."

A Alemanha e a Áustria, naquela época, consistiam num grande número de pequenos Estados semi-independentes como Salzburgo, de forma que os Mozart tinham uma ampla escolha de mercados potenciais. Leopold escolheu Munique, na Bavária, como seu primeiro objetivo, em parte porque o príncipe Maximiliano José III, que morava lá, era ele próprio um músico, e em parte porque a distância não era grande demais para o que se constituía numa investida de experiência. Logo depois do sexto aniversário de Wolfgang, a família inteira partiu para a temporada de carnaval de 1762, em Munique. Poucos detalhes da visita chegaram até nós, mas nós sabemos que os Mozart foram bem recebidos, e que Leopold ganhou dinheiro.

Ele ficou suficientemente encorajado para planejar uma excursão muito mais ambiciosa para Viena no outono, cidade, na época, de grande importância como sede da corte imperial e capital do Sagrado Império Romano. Lá a poderosa imperatriz Maria Theresa governava com seu consorte, o imperador Francisco I; a Guerra dos Sete Anos, que viria colocar a Prússia de Frederico, o Grande, como um forte adversário do norte alemão para a Áustria, estava chegando a seu fim, de forma que a corte estava sem dúvida feliz de ter entretenimento e distração – não que a guerra parecesse interferir seriamente, nesses dias, com a vida social das classes dominantes.

A família foi primeiro para Passau, onde o importante conde Thun-Hohenstein ficou impressionado, mas não generoso, e de lá para Linz. Aqui Wolfgang deu seu primeiro concerto público, em outubro de 1762. Felizmente, como escreveu Leopold a seu senhorio Lorenz Hagenauer, "o jovem conde Pálffy (sobrinho do chanceler húngaro) passava por casualidade por Linz quando nosso concerto estava prestes a começar... ele ouviu com assombro, e falou mais tarde com grande entusiasmo da apresentação para o arquiduque José, que transmitiu o comentário para a imperatriz". Assim, o terreno estava preparado para a recepção de Mozart na corte.

De Linz eles prosseguiram a viagem no barco do correio des-

Viajando pelo rio no século XVIII

cendo o Danúbio, onde enfrentaram violentas tempestades. Esperemos que eles estivessem melhor protegidos do que Charles Burney, que, no decorrer de sua excursão pela Europa poucos anos depois, viajou descendo o Elba num barco que era "comprido, estreito e praticamente descoberto. Havia palha para se deitar, mas nada para cobrir a minha bagagem ou a minha pessoa... por volta de meia-noite começou a chover, depois o vento aumentou até tornar-se furioso; nessa espécie de ciclone o barco não conseguia seguir adiante. Eu estava então molhado, com frio, fome e totalmente indefeso, pois o próprio barqueiro estava desesperado."

Os Mozart chegaram em segurança a Viena no dia 6 de outubro, e logo em seguida engajaram-se numa exaustiva série de apresentações nas casas da nobreza. Isso atingiu um nível febril depois de sua recepção na residência imperial de verão, o Palácio de Schönbrunn, no dia 13 de outubro: "Os nobres", disse Leopold a Hagenauer, "nos mandam seus convites com quatro, cinco, seis e até oito dias de antecedência para não nos perder."

Embora o imperador tivesse apreciado o desempenho do menino no harpsicórdio, não ficou satisfeito enquanto Mozart não apresentou truques próprios de festas, tais como tocar com o teclado coberto, e com um dedo de cada mão. Então seguiu-se um episódio famoso, assim relatado por Arthur Hutchings.*

"A família imperial ficou evidentemente encantada com as crianças, pois conta-se que a imperatriz Maria Theresa, acompanhada por alguns de seus próprios filhos, levou os pequenos visitantes para conhecer os aposentos adjacentes. Wolfgang escorregou num assoalho encerado, e a arquiduquesa Maria Antonieta, mais tarde rainha da França, ajudou-o a levantar-se e recebeu uma oferta imediata de casamento por sua bondade. Ela era dois meses mais velha do que Wolfgang. Em seguida, de acordo com Leopold, "Wolferl pulou no colo da imperatriz, passou os braços em volta de seu pescoço e beijou-a afetuosamente."

A visita a Schönbrunn durou das três às seis da tarde, o que poderia parecer bastante por aquele dia, especialmente para crianças pequenas. Porém, a perspectiva de ganhar seis ducados do príncipe von Hildburghausen foi mais forte do que a fadiga, e eles se dirigiram diretamente à casa dele para uma apresentação noturna.

Belas vestimentas da corte (que eles mais tarde usaram para um retrato) logo chegaram para Wolfgang e Nannerl, vindas da imperatriz, juntamente com cem ducados e um convite enfático para que se demorassem mais. Leopold ficou feliz, e muito, em ceder à sugestão imperial, pois as suas crianças se tornavam o máximo da moda em Viena.

Num concerto em novembro, o primeiro tributo poético a seu filho foi entregue a Leopold: "Sobre o pequeno cravista de Salzburgo". Com uma referência a uma outra criança-prodígio que morreu jovem, dizia:

> Criança, digna de nossa atenção, cuja habilidade precisa admiramos,
> Que, pequena em estatura, toca como os maiores que saudamos,
> Para ti a arte do som dor não trará,
> Muito breve a maestria atingirás,

---

* *Mozart – the man, the musician*, Thames and Hudson, 1976.

Mas que teu corpo possa aos esforços da alma suportar,
E não, como a criança de Lübeck, cedo demais se acabar.

Tais temores eram bem justificados, pois Wolfgang já tinha caído doente, depois de sua segunda visita à imperatriz em 21 de outubro, com uma doença febril que o fez ficar acamado por algum tempo. A simpatia de Leopold era contrabalançada pela preocupação com seu bolso: "Em Viena", informava a Hagenauer, "a nobreza tem medo de marcas de varíola e de todos os tipos de mazela. Assim, a doença do meu menino significou um recesso de cerca de quatro semanas. Ainda que, desde a sua recuperação, já tenham entrado vinte e quatro ducados, isso é uma mera bagatela."

Lucro consolador resultou de uma visita a Pressburgo (agora Bratislava) em dezembro, e Leopold teve condições de comprar a sua própria carruagem, embora isso não tenha ajudado muito a amaciar a estrada gelada e esburacada, "cheia de sulcos e arestas". Quando voltaram a Salzburgo, em 5 de janeiro de 1763, depois de um breve retorno a Viena, Wolfgang ficou novamente de cama por uma semana com reumatismo. Porém, ele usou a sua convalescência para aperfeiçoar-se no violino, e seu pai – apesar dos diversos meses de ausência – foi recompensado com uma promoção, em fevereiro, para o posto de vice-*Kapellmeister*.

Pode-se ter uma idéia do que eram as apresentações de Wolfgang nos seus primeiros anos lendo o correspondente de um jornal em Viena. "Nós caímos em completo espanto", ele escreveu, "ao ver um menino de seis anos ao teclado, de maneira nenhuma brincando com sonatas, trios e concertos, mas tocando de forma adulta e além disso improvisando por horas a fio... Eu os vi cobrir o teclado com um pano e ele tocou igualmente bem... Como se não bastasse... quando o colocaram escutando em outro aposento, e lhe deram notas... ele dizia a letra ou nome da nota num instante."

O grau de interesse do público era tamanho que logo Leopold estava planejando novas viagens – dessa vez uma grande excursão que levaria a família para longe de Salzburgo por quase três anos e meio. Eles partiram a 9 de junho de 1763 em sua própria carruagem, a qual perdeu uma roda apenas três dias depois. A roda substituta não se encaixava adequadamente e Leopold, juntamente com o empregado recentemente contratado pelos Mozart, Sebastian Winter, tinha que andar às vezes para aliviar o peso.

Fazer uma lista dos inumeráveis lugares em que pararam, e de todos os tributos que receberam, está além do objetivo deste livro. A família viajou via Munique para Augsburgo, onde eles "ficaram por muito tempo e ganharam pouco, ou nada." As crianças se apresentaram no palácio de Schwetzingen, residência de campo de Carlos Theodoro, o Príncipe Eleitor Paladino, e fundador da orquestra de Mannheim, então considerada a melhor da Alemanha. Goethe, adolescente, ouviu Wolfgang em um dos quatro ou cinco concertos dos Mozart em Frankfurt: "Eu o vi", lembrava ele mais tarde, "quando era um menino de sete anos. Eu mesmo tinha por volta de quatorze anos, e ainda posso me lembrar bem claramente da pessoinha de peruca e espada."

Havia grandes esperanças em Bruxelas, onde as crianças finalmente se apresentaram diante do príncipe Charles de Lorraine, irmão do imperador Francisco I e governador dos Países Baixos Austríacos, mas somente depois de uma espera de cinco semanas, durante as quais o príncipe dedicou-se as suas habituais diversões de caçar, comer e beber. Os belos presentes ofertados à família não substituíam dinheiro na mão.

Em meados de novembro, a família chegou a Paris, onde eles foram hospedados pelo embaixador da Bavária. Aqui, novamente, tudo dependia de uma recepção real bem-sucedida. Devido a um período de luto na corte, eles só foram a Versalhes no dia 24 de dezembro, quando Mme. de Pampadour impressionou a Leopold como "uma mulher extremamente arrogante, que ainda tomava conta de tudo". As crianças triunfaram. De fato, como expressou Leopold, "eles tomaram quase todos de assalto".

Houve uma pausa forçada, muito lamentada por seu pai, quando Wolfgang teve uma febre alta, em fevereiro de 1764. Mas Leopold sentiu que poderia esperar uma "boa colheita" depois de "arar bem o solo". Em março, o menino de oito anos publicou o seu Opus I –

duas sonatas para o harpsicórdio (K6 e K7)*, "que podem ser tocadas com acompanhamento de violino". Estas sonatas foram escritas, sem dúvida, com a ajuda de seu pai. Duas outras sonatas se seguiram rapidamente, e houve dois concertos públicos lucrativos antes da família deixar Paris, em meados de abril, a caminho da Inglaterra. "Eu vi como o mar parte e retorna", observou Nannerl no seu diário enquanto esperavam o barco no qual cruzariam o canal, em Calais.

Os Mozart ficaram em Londres por quinze meses, de 23 de abril de 1764 a 24 de julho de 1765, hospedados com um cabeleireiro numa transversal da alameda S. Martin e, posteriormente, na esquina da rua Chelsea com a rua Thrift (agora Frith), no Soho. A primeira das três apresentações na corte aconteceu somente cinco dias depois de eles terem chegado na capital inglesa, e embora "o presente tenha sido apenas vinte e quatro guinéus", o rei Jorge III e a rainha Charlotte impressionaram Leopold por suas "maneiras tranqüilas e atitudes amigáveis", e a visita a Buckingham House teve o efeito desejado de tornar as crianças o assunto da moda em toda parte. "Eu tive o choque de receber cem guinéus em três horas", Leopold informava exultante a Hagenauer, seu senhorio de Salzburgo, depois de um concerto beneficente em junho. Mas ele também compreendeu, astutamente, que "nada conquista a afeição dessa nação tão excepcional" com mais certeza do que iniciativas de caridade, e assim ele deixou que Wolfgang tocasse órgão em um concerto para ajudar o Hospital de Internações recentemente fundado, "para desse modo realizar o ato próprio de um Patriota Inglês".

Mozart dedicou seu Opus 3 (K10-15) – um conjunto de seis sonatas "para o harpsicórdio, as quais podem ser executadas com acompanhamento de violino ou flauta transversa" – para a rainha e recebeu um presente de cinqüenta guinéus como resposta. Mais renda adveio das apresentações de Wolfgang nas casas de famílias do

---

* Os números K nesse livro se referem à edição original do catálogo de Köchel, e não à sexta edição, menos conhecida, publicada em 1964.

Soho, onde, como dizia Leopold no seu anúncio, "aquelas damas e cavalheiros que o honrarem com sua presença, de doze às três da tarde, em qualquer dia da semana, exceto terças e sextas, poderão, caso compre cada um seu ingresso, satisfazer a curiosidade, não só ouvindo esse jovem Mestre da música e sua irmã se apresentarem em caráter privado; mas também testando a surpreendente capacidade musical desses meninos."

Entre os visitantes, em junho de 1765, estava um membro da Royal Society, Daines Barrington, que, num relatório subseqüente, admitiu ter ficado cético, a princípio, em relação à extrema juventude do menino. Embora ele tivesse visto Wolfgang correr pela sala "com um pedaço de pau fazendo às vezes de cavalo", e deixar o harpsicórdio para ir brincar com seu gato, Barrington tratou de verificar cuidadosamente a sua idade antes de expressar sua admiração diante "deste prodígio da natureza". Ele submeteu o menino a muitos testes de avaliação, entre eles a composição instantânea de árias de ópera para expressar amor e raiva. Mozart reagiu prontamente, demonstrando "um conhecimento completo dos princípios fundamentais da composição" e grande facilidade para a modulação: "suas passagens de um tom para o outro eram excessivamente naturais e judiciosas." Quanto à habilidade de Wolfgang como executante, Barrington declarou que "sua execução era admirável, considerando que seus pequenos dedos mal podiam alcançar uma quinta no harpsicórdio."

Talvez o mais importante encontro musical da visita de Londres tenha sido o do jovem Mozart com Johann Christian Bach, o "Bach inglês", filho do grande Johann Sebastian e ele mesmo um ótimo compositor no estilo urbano e "galante" dessa época. Nas suas memórias, Nannerl descreve como esse homem importante compartilhou um teclado com Wolfgang um dia: "*Herr* Johann Christian Bach, o professor da rainha, colocou Wolfgang entre as suas pernas. Primeiro ele tocou uns poucos compassos, e então o menino continuou. Dessa maneira eles tocaram uma sonata inteira, e alguém que não estivesse olhando poderia pensar que apenas uma pessoa estava tocando." J. C. Bach era um expoente de primeira linha do forte-piano recentemente introduzido, e talvez tenha plantado uma semente que mais tarde tornou-se a grande série de concertos de piano de Mozart. Certamente ele exerceu uma forte influência sobre as composições infantis do menino que, muitas vezes, são impossíveis de distinguir das de J. C. Bach.

Antes da família deixar Londres, Leopold tomou o cuidado de presentear cópias dos trabalhos infantis de seu filho ao British Museum, buscando garantir que a posteridade não esqueceria a maravilha que ele tinha produzido.

A maior parte dos últimos meses de 1765 e o começo de 1766 foram passados nos Países Baixos, onde a família viajou por todo o país e aceitou um convite para visitar a princesa Carolina de Nassau-Wilburg em Haia. A princesa pediu a Mozart que escrevesse um conjunto de sonatas para assinalar a maioridade e a nomeação como vice-rei de seu irmão, Guilherme V de Orange. Houve também concertos de sucesso em Amsterdam e em muitos outros lugares. Porém, mais uma vez, ao se aproximar o fim de 1765, os planos de Leopold foram adiados devido a uma nova doença das crianças, desta vez com febre intestinal tifóide. Nannerl chegou mesmo a receber a extrema-unção, e a vida de Wolfgang esteve em perigo por algumas semanas.

Em junho de 1766, os Mozart estavam de volta a Paris, onde eles ficaram por três dias, em Versalhes. Saindo daí, uma lenta jornada de retorno, pontuada por freqüentes concertos e apresentações de exibição, os levou de volta a Salzburgo. Leopold e sua família chegaram em casa no dia 29 de novembro de 1766.

O longo e ambicioso empreendimento tinha sido um sucesso financeiro. O bibliotecário da abadia de São Pedro, em Salzburgo, expressou sua crença de que as "bugigangas trazidas para casa por *Herr* Mozart montam a doze mil florins, se cada uma valer dez kreuzer. Além disso, ele comprou muitas coisas barato nesses países estrangeiros, as quais ele venderá aqui a um alto preço, e dessa maneira ganhará ainda mais dinheiro!"

O custo do empreendimento, porém, não era menos real. "Parece não ter ocorrido a Leopold Mozart", escrevia Erich Schenk, comentando esta grande excursão, "que os triunfos do garoto tinham sido adquiridos a custa de danos sérios a sua saúde. Ele não levou em consideração o fato de que o desenvolvimento musical de Wolfgang era disparatado, teria que ser disparatado em relação a seu progresso intelectual. Ele ignorava os acessos de choro nervoso do menino, causados por saudades da casa ou por notícias de que seu amigo de infância, Domenicus Hagenauer, tinha entrado para um monastério".

Depois de nove meses em casa, Leopold novamente obteve permissão do arcebispo para ausentar-se de Salzburgo. No dia 22 de setembro de 1767, a família partiu para Viena esperando participar das comemorações do casamento a ser realizado entre a arquiduquesa Maria Josepha e o rei Ferdinando de Nápoles.

Na realidade, o resultado mais frutífero dessa viagem nada teve a ver com a corte. Os Mozart fizeram amizade com o Dr. Franz Anton Mesmer, que estava no auge da fama com suas "curas por magnetismo". Ele tinha uma casa grande e um teatro particular. Por essa razão ele encomendou a Wolfgang a composição de uma diversão rústica, de espírito leve, em alemão, *Bastien und Bastienne*, que se adaptava admiravelmente ao talento e exuberância do jovem. (Numa ópera posterior, *Così fan tutte*, diga-se de passagem, há uma referência ao Dr. Mesmer, quando Despina, disfarçada de médico, faz com que Ferrando e Guglielmo voltem à vida usando um magneto).

Em sua maior parte, essa visita vienense não foi muito feliz. A princesa Josefa morreu subitamente em outubro. Como escreveu Leopold a Hagenauer pesarosamente, "a noiva do príncipe tornou-se noiva do Noivo Celeste". As duas crianças ficaram doentes, ainda que de forma branda, durante a epidemia de varíola que se provou fatal para a princesa. Para somar-se à melancolia generalizada, a imperatriz Maria Theresa realizava devoções mensais em memória de seu marido recentemente falecido, e os Mozart só foram recebidos na corte no Ano Novo.

Mesmo então o novo imperador, José II, filho de Maria Theresa recompensou-os apenas com uma medalha, acreditando, sem dúvida, como compreendeu Leopold, "que ele nos tinha pago com sua conversa muitíssimo graciosa". A paixão imperial pela economia infelizmente espalhou-se por outras casas. Além disso, o talentoso garoto começou a encontrar hostilidade por parte dos outros músicos, que provavelmente não apreciavam truques precoces e, talvez, tivessem começado a temer a rivalidade de um menino de doze anos altamente capaz, que já não era mais uma novidade divertida.

Em março vieram notícias do erário do arcebispo em Salzburgo dizendo que, a não ser que Leopold retornasse dentro de um mês, ele não receberia mais salário, embora mais tarde pudesse reassumir seu emprego se assim o quisesse. Leopold achou melhor continuar em Viena por mais algum tempo, uma vez que Wolfgang estava ativamente empenhado na composição de uma ópera cômica, *La finta semplice* (A Falsa Simplória), com a aprovação do imperador. As esperanças de conseguir que a obra fosse produzida, contudo, foram abortadas por intrigas que levaram Leopold ao desespero. "Todo um inferno de músicos ergueu-se para impedir a exibição da habilidade de uma criança", ele escreveu. "Eu não posso sequer pressionar para que haja uma apresentação, já que uma conspiração foi organizada para produzi-la, se ela tiver que sê-lo, de maneira extremamente ruim, de forma a arruiná-la."

Na sua ansiedade, Leopold chegou a ponto de queixar-se das autoridades teatrais numa petição ao imperador, e ao fazê-lo pode ter se excedido, pois a família real pareceu perder o interesse. Foi assim que, com uma sensação de frustração, os Mozart retornaram a Salzburgo no dia 5 de janeiro de 1769, depois de uma ausência de aproximadamente quinze meses.

O príncipe-arcebispo, cujo irmão tinha proporcionado intervalos de consoladora hospitalidade durante a estada em Viena, compensou a aparente indiferença da capital imperial ordenando que *La finta semplice* fosse apresentada no dia do seu aniversário. O governante de Salzburgo tinha, anteriormente, testado as capacidades de Wolfgang como compositor, trancando-o sozinho e fazendo com que ele preparasse parte de um serviço da igreja e, ao chegar o fim de 1769, Wolfgang recebeu o título de terceiro *Konzertmeister* da Capela da Corte. Isto teria implicado em compor tão bem quanto conduzir a orquestra da corte e foi, sem dúvida, concedido ao jovem músico para comprometê-lo fortemente com Salzburgo, tendo em vista as tentações da viagem italiana que seu pai estava preparando agora. O aval italiano era altamente desejável para um músico do século XVIII, e para um compositor de ópera em princípio de carreira era necessário, acima de tudo, vencer em Milão, como J. C. Bach havia dito a Leopold em Londres.

Uma vez mais obtendo permissão do arcebispo para ausentar-se, que devia estar convencido de que os sucessos de Mozart no exterior significavam crédito para ele, Leopold e Wolfgang partiram, acompanhados por um serviçal, no dia 13 de dezembro. Embora ele tivesse agora quatorze anos de idade, a compleição franzina de Wolfgang fazia com que parecesse mais jovem – uma impressão largamente explorada por Leopold – e seus concertos no norte da Itália, no começo de janeiro, despertaram enorme interesse. No dia 23 eles chegaram a Milão, onde foram hóspedes do conde Karl Joseph Firmian, sobrinho do antigo arcebispo de Salzburgo, que empregou Leopold pela primeira vez. Firmian era Governador-Geral da Lombardia, então sob domínio austríaco, e foi principalmente através de sua poderosa influência que todas as portas certas se abriram para os Mozart, pai e filho, onde quer que eles fossem nessa excursão italiana.

Cartas para casa, para a mãe e a irmã de Wolfgang, nos dizem como as coisas andaram. Muitos concertos públicos e privados foram marcados em Milão nos primeiros três meses de 1770 e, por ocasiões tão grandiosas, eram necessárias roupas especiais. "O alfaiate acabou de nos visitar com mantos e capuzes que tivemos de encomendar", informava Leopold a sua esposa em fevereiro; "eu me olhei no espelho, enquanto os experimentávamos, e pensei como, na minha idade avançada, eu também tenho que participar dessa farsa". Se Leopold demonstrava pouco respeito, em particular, pela gente pomposa que o patrocinava, Wolfgang encontrava alívio das solenidades sociais escrevendo para sua irmã com uma veia de humor de banheiro que continuou a diverti-lo por toda a sua vida. Ele contou a Nannerl sobre um anão que ele tinha visto numa ópera em Mantua, "que pula bem, mas não sabe escrever como eu escrevo, ou seja, como as por-

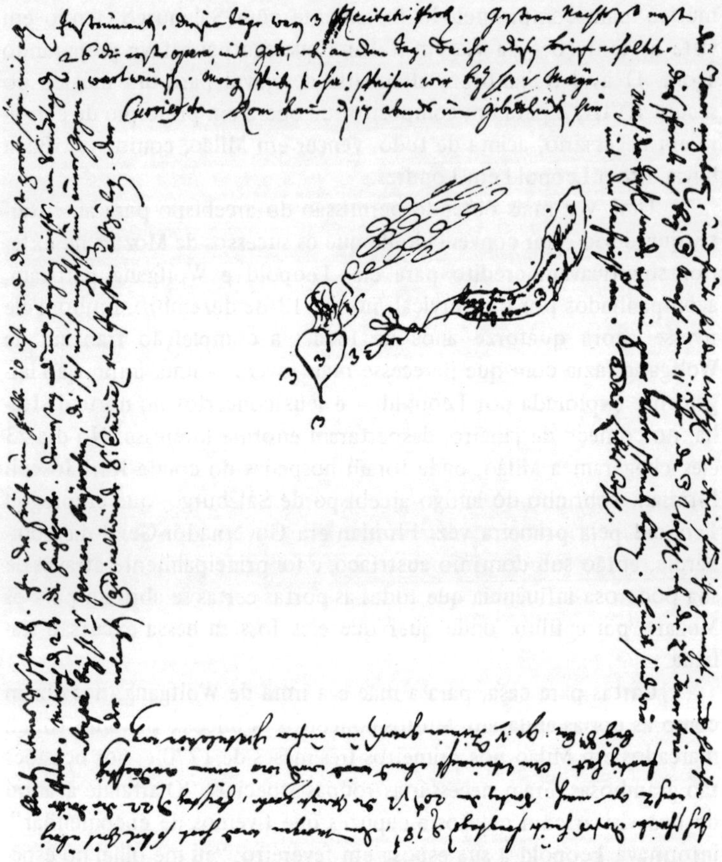

Uma carta decorativa escrita de Milão por Leopold para sua esposa. Wolfgang freqüentemente acrescentava notas obscenas às cartas para casa de Leopold. Nessa ocasião, ele limitou-se ao desenho (que inclui uma mensagem erótica) e a um pós-escrito informal (não reproduzido aqui) para sua irmã.

cas mijam"; e houve um outro em Cremona que "sempre que pulava, soltava um peido".

Além de tornar o talento de executante de Wolfgang conhecido de todo mundo importante de Milão, Firmian certificou-se de que o garoto fosse contratado para escrever uma ópera para a próxima temporada de Natal. Assim, foi com grandes esperanças no futuro, como também com numerosas cartas de apresentação, que Leopold e Wolfgang partiram para o sul em março.

Em Bolonha, as habilidades de Wolfgang foram testadas pelo influente estudioso de música, padre Martini, cujas expressões de admiração aumentaram em grande medida a reputação do menino entre os italianos. Em Florença houve um rápido encontro com outro prodígio, o violinista inglês Thomas Linley, que tinha a mesma idade de Wolfgang. Os dois tocaram duetos juntos e Wolfgang recebeu um soneto endereçado a ele da parte de Linley. Os meninos claramente se deram muito bem pois Wolfgang, mais tarde, escreveu a Linley em termos muito afetuosos.

Logo que chegou a Roma, Leopold começou a entregar "vinte cartas de apresentação" que resultaram em convites para numerosos palácios. Pai e filho foram ouvir o famoso coro da Capela Sistina cantar o *Miserere* de Allegri, o que era encarado como propriedade exclusiva e cuidadosamente guardada desse coro. Conta-se que Wolfgang, profundamente impressionado, foi para casa e escreveu a peça inteira de memória – ainda que seja possível que ele tivesse algum conhecimento anterior dela. Em outros aspectos ele era menos bem organizado. "Por favor tente encontrar as tabuadas de aritmética", ele escreveu para sua irmã em uma carta; "eu perdi a minha cópia e já quase as esqueci completamente."

A estrada para Nápoles era, na época, sujeita a ataques de salteadores, e a cidade em si estava longe de ser salutar: "os *lazzaroni* têm seu próprio general", disseram a Nannerl, "ele recebe vinte e cinco ducados do rei todo mês só para mantê-los sob controle". Contudo, os Mozart não desistiram de visitar a capital sulina, onde mais uma vez desfrutaram de enorme sucesso e tiveram ainda tempo para conhecer a cidade. Leopold ficou impressionado com o "*passeggio*" diário que os nobres costumavam fazer de carruagem à tarde. Wolfgang gostou de ver o Vesúvio "fumaçando furiosamente" com "trovão, relâmpago e tudo mais".

Eles estavam de volta a Roma no fim de junho. Wolfgang teve uma audiência com o papa Clemente XIV, depois deste ter lhe conferido a Ordem de Cavaleiro da Espora Dourada, uma altíssima honraria para um músico. "Você pode imaginar como eu rio quando ouço as pessoas chamando-o de 'Signor Cavaliere'", escreveu Leopold para sua esposa. Mas, por mais que se divertisse, ele não poderia sentir-se de outra maneira que não gratificado.

Durante uma estada de três meses em Bolonha no outono, Wolfgang recebeu o libreto e a lista de cantores para sua ópera de Natal *Mitridate, Rè di Ponto* (Mitridates, Rei do Ponto). Naqueles dias, agradar a "prima donna" e o "primo uomo" era da maior importância, e o jovem Mozart foi brilhantemente bem-sucedido nisto. Em novembro, ele estava trabalhando duramente em Milão, e Leopold pôde relatar que "a prima donna está infinitamente satisfeita com suas árias". Quanto ao primo uomo (um soprano masculino, como era de hábito na época) também estava exultante, e declarava que, se um certo dueto não fizesse sucesso "ele se deixaria castrar de novo".

A primeira apresentação de *Mitridates*, com Mozart regendo uma grande orquestra ao piano, aconteceu no dia 26 de dezembro de 1770, com "extraordinário aplauso e gritos de '*Evviva il Maestro*! *Evviva il Maestrino*!'" Depois desse triunfo, deu-se uma visita muito proveitosa a Veneza para o Carnaval de 1771 – foi pedido a Wolfgang que escrevesse uma ópera para uma temporada futura, e ele era recebido em toda parte. Na verdade, eles andaram tanto de gôndola que, disse Leopold, "durante os primeiros dias a cama inteira balançava durante nosso sono". Então, em março voltaram via Insbruck para Salzburgo.

Não demorou muito para que Leopold e Wolfgang partissem novamente para Milão, com o objetivo expresso de atender a um pedido da imperatriz Maria Theresa. O arcebispo Schrattenbach, mais uma vez, deu permissão mas reteve o salário de Leopold (que no final acabou sendo pago, depois que Leopold enviou uma petição ao cabido da Catedral, "mas sem se constituir em precedente para o futuro, nem para outros músicos da corte que se ausentem").

Depois de uma viagem relativamente rápida, pai e filho chegaram a Milão em meados de agosto e, logo, Mozart começou a trabalhar musicando o libreto que lhe tinha sido dado. *Ascanio in Alba* foi feito em um mês, e obteve grande sucesso em outubro, durante as comemorações do casamento do filho da imperatriz, o arquiduque Ferdinando, com a princesa Maria Ricciardia Beatrice de Modena.

Os Mozart chegaram de volta a Salzburgo no dia 15 de dezembro de 1771. No dia imediatamente após ao da sua chegada, o príncipe-arcebispo, Sigmund Schrattenbach, morreu. Embora nos últimos anos ele tivesse se tornado um pouco impaciente com as ausências prolongadas de Leopold e seu filho genial, seu comportamento para com ambos tinha sido notavelmente tolerante. Afinal, em um período de nove anos eles tinham estado fora de Salzburgo por quase sete. Com a ascensão do sucessor de Schrattenbach, houve uma mudança de atitude que tornou a vida do gênio adolescente mais difícil.

capítulo 3

SERVIDÃO E UM ESFORÇO DE LIBERDADE 1772-1778

Mozart tinha agora dezesseis anos, já há muito tendo ultrapassado a fase de menino prodígio. Era agora um compositor consumado, com um grande número de trabalhos de diferentes tipos a seu crédito. Leopold tinha se preocupado em dar a seu filho uma base ampla da teoria e da prática da composição, e nenhuma oportunidade tinha sido perdida durante as extensas viagens da família, para conhecer os mais destacados músicos criativos da época e aprender com eles. Entre eles estavam Fux, Martini, Sammartini, Michael Haydn e, o mais importante entre todos, Joseph Haydn, cujas obras eram admiradas e, muito provavelmente, estudadas por Mozart antes deles se encontrarem, em 1781.

Wolfgang produziu suas primeiras sinfonias com a idade de oito ou nove anos, sob a influência de compositores estabelecidos em Paris e Londres no decorrer da grande excursão que realizaram. Pouco tempo depois, ele produziu sua primeira música de igreja, um moteto *Deus é o nosso Refúgio* e um Kyrie (K33) para quatro vozes e cordas. Continuava compondo muita música instrumental e vocal, além de trabalhos para teatro e outros entretenimentos no estilo lírico, que foram seus sucessos mais espetaculares até então.

O arcebispo Hyeronimus Colloredo, embora seja lembrado como o vilão na estória de Mozart, foi, dentro de seus parâmetros relativamente ultrapassados, um homem justo. Bastante rígido e formal, desprovido de charme pessoal e muito cuidadoso na preservação da estrutura hierárquica de uma sociedade na qual os músicos eram meros empregados, ele ainda assim reconhecia o talento de Wolfgang. Logo depois de ser indicado para o cargo, encomendou ao jovem uma serenata dramática, *Il sogno de Scipione* (O sonho de Cipião), para sua cerimônia de posse na primavera de 1772.

Charles Burney visitou Salzburgo naquele verão, no decorrer de sua "excursão realizada para coletar material para uma história geral da música", e relatou que "o arcebispo e soberano é muito generoso no seu apoio à música, tendo, geralmente, cerca de cem músicos, entre vozes e instrumentos, a seu serviço. O príncipe é ele mesmo um músico diletante, e bom executante no violino. Ultimamente, ele tem se dedicado a reformar sua orquestra, que anda sendo acusada de ser mais notável por sua rudeza e barulho do que por sua delicadeza e qualidade de execução". Talvez tenha sido como parte do processo de reforma que ele concedeu a Wolfgang uma renda de cento e cinqüenta florins anuais, em agosto, como *Konzertmeister*, ou seja, líder da orquestra da corte. Isso não era nem muito generoso nem indevidamente pouco, segundo os padrões da época. Muitos músicos teriam ficado satisfeitos com tal indicação, uma vez que dava direito a ganhos extra com aulas ou outros compromissos, contanto que as exigências do arcebispo fossem atendidas.

Wolfgang, porém, tinha visto muito do mundo para querer se estabelecer indefinidamente em Salzburgo. Além disso seu pai estava ansioso para que ele conseguisse uma posição mais espetacular do que a que Colloredo podia oferecer. A Itália era particularmente atraente, pois lá o jovem "Cavaliere" era tratado com respeito, em vez de ter que ser obsequiosamente deferente com os outros. Felizmente, Wolfgang tinha sido chamado para escrever a primeira ópera para o Carnaval de 1772-3 em Milão, e em outubro, Leopold e ele partiram mais uma vez para o sul.

Lucio Silla foi apresentado pela primeira vez no Teatro Regio Ducal, no dia 26 de dezembro, depois que o arquiduque Ferdinando, retardado por negócios oficiais, fez todos esperarem por duas ou três horas. O sucesso da ópera foi tamanho que foi apresentada nada menos do que vinte e seis vezes durante a temporada de carnaval. Enquanto isso, Leopold persuadia o conde Firmian a apoiar uma requisição ao arquiduque Leopold, da Toscana, para uma apresentação de Wolfgang na corte de lá. E os dois Mozart foram ficando em Milão na esperança de uma resposta favorável.

A mãe e a irmã de Wolfgang recebiam notícias em relação ao que ocorria com os dois em cartas freqüentes que eram, em parte, escritas em código. Desde a posse de Colloredo, os Mozart tinham motivos para suspeitar que suas cartas estavam sendo interceptadas e eles, naturalmente, desejavam manter a discussão de possíveis novos compromissos longe dos ouvidos do arcebispo. Assim, para justificar a demora para retornar depois da produção de *Lucio Silla,* Leopold escreveu em linguagem normal para sua esposa, em meados de janeiro, queixando-se de que um reumatismo agudo o tinha forçado a ficar de cama. Uma semana mais tarde seguiu uma outra carta, com um pós-escrito em código que Anna Maria foi orientada para que cortasse do texto principal, dizendo que a estória de sua doença era uma invenção para colocar as autoridades de Salzburgo na pista errada. Na realidade, eles ainda estavam esperando notícias de Florença. Porém, todos os esquemas de Leopold foram em vão, pois nenhuma apresentação se concretizou e, em março de 1773, os viajantes retornaram para sua casa em Salzburgo. Pouco tempo depois de voltarem, eles se mudaram da Getreidegasse para acomodações mais espaçosas na Hannibal-platz, agora Makart-platz, na margem norte do rio Salzach.

Leopold e Wolfgang tiveram pouca dificuldade em conseguir permissão de Colloredo para se ausentar em julho, uma vez que ele mesmo planejava viajar. Dessa vez, na secreta esperança de uma apresentação na corte imperial, eles retornaram a Viena, mas, embora tenham sido recebidos pela imperatriz, não havia datas disponíveis. Wolfgang ocupava-se da composição de uma serenata (K185) e um conjunto de seis quartetos (K168-173), e os Mozart renovaram sua amizade com o Dr. Mesmer. Passando por Viena, quando retornava a Salzburgo, o arcebispo prorrogou a permissão para se ausentar dos dois, mas ainda assim foi execrado nas cartas de Wolfgang para sua irmã "de nossa residência, Viena." Com relutância, ele e seu pai voltaram a Salzburgo no dia 26 de setembro.

Quaisquer esperanças íntimas que o jovem Mozart tivesse de conseguir emprego em outro lugar, ele as adiou por um período de mais de um ano em que permaneceu em Salzburgo. No decorrer deste tempo ele produziu muitas belas obras, incluindo um quinteto de cordas (K174 em si bemol), seu primeiro concerto de piano verdadeiramente original (K175 em ré) e a Sinfonia em sol menor K183, que guarda poucas semelhanças com a grande Sinfonia nº 40 além da armadura, mas mesmo assim pode ter surpreendido a Salzburgo por sua intensidade. Nessa época, as sinfonias eram muitas vezes compostas originalmente como aberturas de óperas estendidas, e subseqüentemente transferidas do teatro para salas de concerto. Nesse ambiente elas eram, como qualquer outra "música de câmara", consideradas como um divertimento charmoso, que não se devia levar muito a sério. Outras ótimas sinfonias desse período foram as em dó maior K200 e lá maior K201 – uma obra particularmente feliz, que permaneceu popular.

Em 1774, o Príncipe Eleitor da Bavária encomendou a Mozart uma ópera para a temporada de carnaval que estava por vir e, no começo de dezembro, Wolfgang chegou a Munique com seu pai para supervisionar os ensaios. Colloredo em pessoa iria a Munique, de forma que não podia recusar-lhes a permissão. Quando apresentada, *La finta giardiniera,* que conta a estória romântica de uma jovem condessa que se disfarça de jardineira, foi um imenso sucesso que só pode ter trazido crédito para o príncipe-arcebispo. Houve muitos pedidos de bis na primeira noite, 13 de janeiro de 1775, e a ópera foi repetida diversas vezes no decorrer da temporada. Alguns dos números concertantes, em particular, prenunciam as óperas incomparáveis que Mozart criaria no futuro.

Wolfgang relatava seu sucesso em cartas a sua mãe, acrescentando: "nós não podemos voltar a Salzburgo muito breve, e mamãe não deve querer isso, pois ela sabe o quanto está me fazendo bem poder respirar livremente." Colloredo foi mais uma vez alvo de comentários desairosos da parte de Leopold, que dizia para Anna Maria imaginar "o embaraço de Sua Graça o arcebispo ao ouvir a ópera ser elogiada pela família inteira do Príncipe Eleitor e por todos os nobres". Ele também pediu detalhes de qualquer boato de Salzburgo acerca de uma nomeação de Wolfgang em Munique: "então nós teremos alguma coisa de que rir, pois nós conhecemos estes tolos."

Tais rumores se provaram infundados, mas, no decorrer desta temporada em Munique, observadores contemporâneos começaram a fazer justiça ao rápido crescimento de Mozart como compositor. Sobre *La finta giardiniera,* o correspondente de um jornal de Augsburgo escreveu: "lampejos de gênio aparecem aqui e ali. . . se Mozart não for uma planta que foi posta à força na estufa, está predestinado a se tornar um dos maiores compositores que já existiram."

É duvidoso que Colloredo possuísse uma visão muito ampla para avaliar as habilidades de seu jovem empregado. Mas ele deu, muito em breve, instruções a Wolfgang para que produzisse um entretenimento lírico para a visita a Salzburgo, em abril de 1775, do arquiduque Maximiliano. Tratava-se de uma música para *El rè pastore,* de Metastasio, uma estória da antigüidade clássica sobre um rei derrotado que vive como um pastor. Esta peça contém a primeira abertura de um só movimento de Mozart (no lugar da "sinfonia" de três movimentos que geralmente precedia as óperas nessa época),e diversas árias e duetos belíssimos.

Durante a visita de Maximiliano, Mozart também foi requisitado como executante solista de suas próprias composições instrumentais, e não há evidências que sugiram que, durante os dois anos que ele passou em Salzburgo, não tenha sido apreciado devidamente. Entre os muitos trabalhos que produziu nessa época, estão a *Serenata notturna* (K239); cinco concertos para violino, dos quais os três últimos são obras-primas muito apreciadas; um concerto triplo para piano (K242), e o primeiro grande concerto para piano solo, K271 em mi bemol. E para o casamento, em 1776, de Elisabeth Haffner, filha do burgomestre de Salzburgo, Mozart produziu a *Serenata Haffner,* de nove movimentos.

Wolfgang tinha apenas vinte anos de idade, e apreciava qualquer oportunidade de divertimento que se apresentasse. Podemos ter um vislumbre de sua maneira de distrair-se na descrição de uma festa de carnaval, em fevereiro de 1776, tirada do diário de um amigo de Mozart, Joachim Ferdinand von Schiedenhofen, que se tornou conselheiro da corte em Salzburgo. "Às sete da noite, fique perto do chefe da família para a ceia", ele escreveu. "Então, em bando, seguir para à festa, levando o chefe Equerry vestido como uma dama, o Marechal como cavaleiro, o barão Lilien como um galante, o conde Micha como estafeta, *Herr* Schmid como cabeleireiro, o Mozart mais velho como carregador e o mais novo como o menino do cabeleireiro, o conde Uberacker como um mouro, e eu mesmo como um lacaio. . ."

O primeiro sinal de descontentamento sério com Salzburgo que chegou até nós é uma carta que Mozart escreveu para o padre Martini, incluindo algumas músicas sacras para que ele examinasse. Mozart queixava-se das restrições de duração e de pessoal colocadas sobre suas obras religiosas, da falta de bons cantores de ópera, da avareza generalizada. E angariava a simpatia de Martini, para seu pai "que já serviu esta corte por trinta e seis anos e, como ele sabe que o arcebispo atual não teve e não terá nunca nenhum interesse por gente que está ficando velha, já não põe todo o seu coração no trabalho, mas voltou-se para a literatura, que sempre foi um dos seus estudos favoritos". Parece que os Mozart, juntamente com outros músicos residentes em Salzburgo, sentiram-se ultrajados quando o governador fechou seu velho teatro e ordenou a construção de um novo – por coincidência, bem em frente à nova casa dos Mozart – que acolheria companhias em excursão, mas excluiria os músicos locais.

Em março de 1777, o arcebispo rejeitou uma requisição de Leopold e Wolfgang de partir num circuito de concertos porque o imperador José II visitaria Salzburgo em julho. No dia 1º de agosto, um dia depois do imperador ter partido, Wolfgang encaminhou uma petição a Colloredo para que o liberasse do serviço, argumentando que "quanto maior o talento que as crianças recebem de Deus, maior é o dever de fazer uso dele, visando melhorar sua própria situação e a de seus pais, dar assistência a seus pais e cuidar de seu próprio progresso e futuro". "Beneficiar-se de nossos talentos nos é ensinado pelo evangelho", continuava o requerente. A esta invocação da aprovação divina, o arcebispo fez eco, talvez sarcasticamente, numa nota de pé de página a lápis no texto do decreto do Conselho que autorizava o pedido de Mozart: "Pai e filho, neste, recebendo permissão para ir em busca de suas fortunas, de acordo com o Evangelho."

Leopold, que tinha decidido ficar em Salzburgo, pôde continuar servindo ao arcebispo. Mas, no dia 23 de setembro, Wolfgang partiu com sua mãe em busca de trabalho e com esperanças de uma colocação permanente mais compensadora. Através da correspondência da família temos uma imagem vívida do que a viagem significava, tanto para os viajantes quanto para os que ficaram em casa.

Leopold teve dificuldade para suportar o dia que se seguiu ao da partida de seus entes queridos – " aquele dia triste que nunca pensei que teríamos que enfrentar". Nannerl "chorou amargamente, reclamou de dor de cabeça e de enjôo de estômago, e retirou-se para a cama, fechando as persianas. O pobre Bimbes (o cão) deitou-se ao lado dela". Posteriormente eles encontraram alguma distração no passatempo favorito da família, o "Bölzelschiessen" (atirar com uma arma de ar comprimido num alvo pintado). Mas os ausentes não foram, em absoluto, esquecidos. Os competidores atiravam em seu lugar, com o resultado de que "Mamãe ganhou onze kreuser, mas Wolfgang perdeu quatro". Leopold encheu-os de cuidadosos conselhos quanto a acomodações econômicas em sua cidade natal de Augsburgo, mas, no caminho para lá, mãe e filho pararam por três semanas em Munique. Nessa cidade, o Príncipe Eleitor não chegou a recusar de todo uma colocação a Wolfgang, dizendo apenas que ele deveria fazer nome por si mesmo, que ainda era muito cedo. Wolfgang brincou com a idéia de reunir dez amigos que se associariam para sustentá-lo por algum tempo, dentro de um orçamento apertado, em Munique. Mas Leopold não aceitou isso de maneira nenhuma: "você não pode se rebaixar tanto e desperdiçar a si mesmo dessa maneira, pois nós ainda não chegamos a esse ponto."

No dia 11 de outubro, mãe e filho chegaram a Augsburgo, onde o compositor de vinte e dois anos foi desencaminhado da séria atividade de ganhar dinheiro (constantemente exigida dele nas cartas de casa) por uma prima vivaz, Maria Anna Thekla, apelidada "a Bäsle" (priminha). Numa carta exuberante, Wolfgang descrevia-a a Leopold como sendo "bela, inteligente, encantadora, esperta e alegre. De fato, nós dois nos damos extremamente bem, pois ela, como eu, é meio moleque. Nós dois rimos de todo mundo e nos divertimos muito." A carta segue descrevendo um concerto onde muitos membros da nobreza estavam presentes: "a duquesa Tapa no Traseiro, a condessa Mijona, sem falar na princesa Monte de Esterco com suas duas filhas, as quais, porém, já são casadas com os dois príncipes Pança von Rabo de Porco. Beijo a mão de papai cem mil vezes, e abraço a besta da minha irmã com uma ternura de urso."

As cartas de Leopold traem uma irritação crescente com a tendência de seu filho para se afastar daquilo que interessava. A exasperação com a falta de senso prático do jovem Mozart, e sua maneira descuidada de tratar a correspondência, é quase sempre visível: "muitas das minhas perguntas ficam sem resposta. Por outro lado você pode notar que respondo a todas as suas."

Além da "Basle", a principal fonte de interesse de Wolfgang em Augsburgo era o fabricante de pianos Andreas Stein, cujos instrumentos ele admirava muito. Ele fazia apresentações públicas também. Como noticiou um jornal de Augsburgo: "A noite de quarta-feira passada foi das mais agradáveis para os amantes de música. *Herr Chevalier* Mozart, filho do famoso músico de Salzburgo, que é natural de Augsburgo, deu um concerto ao forte-piano no salão do conde Fugger. Como *Herr* Stein, por casualidade, tinha três instrumentos prontos desse tipo, houve possibilidade de incluir um belo concerto para três teclados". O programa também continha diversas outras peças de Mozart. "Uma coisa dava ênfase à outra, de modo que a numerosa audiência ficou satisfeita com tudo, exceto com o fato de que o prazer não foi prolongado ainda por mais tempo." Embora a sua reputação tivesse aumentado, Wolfgang não ficou satisfeito com o lucro em dinheiro de sua estada em Augsburgo e, no fim de outubro, ele e sua mãe estavam já em Mannheim, residência do Príncipe Eleitor Palatino, Carlos Theodoro, cuja grande orquestra tinha um alcance expressivo sem rival na Europa.

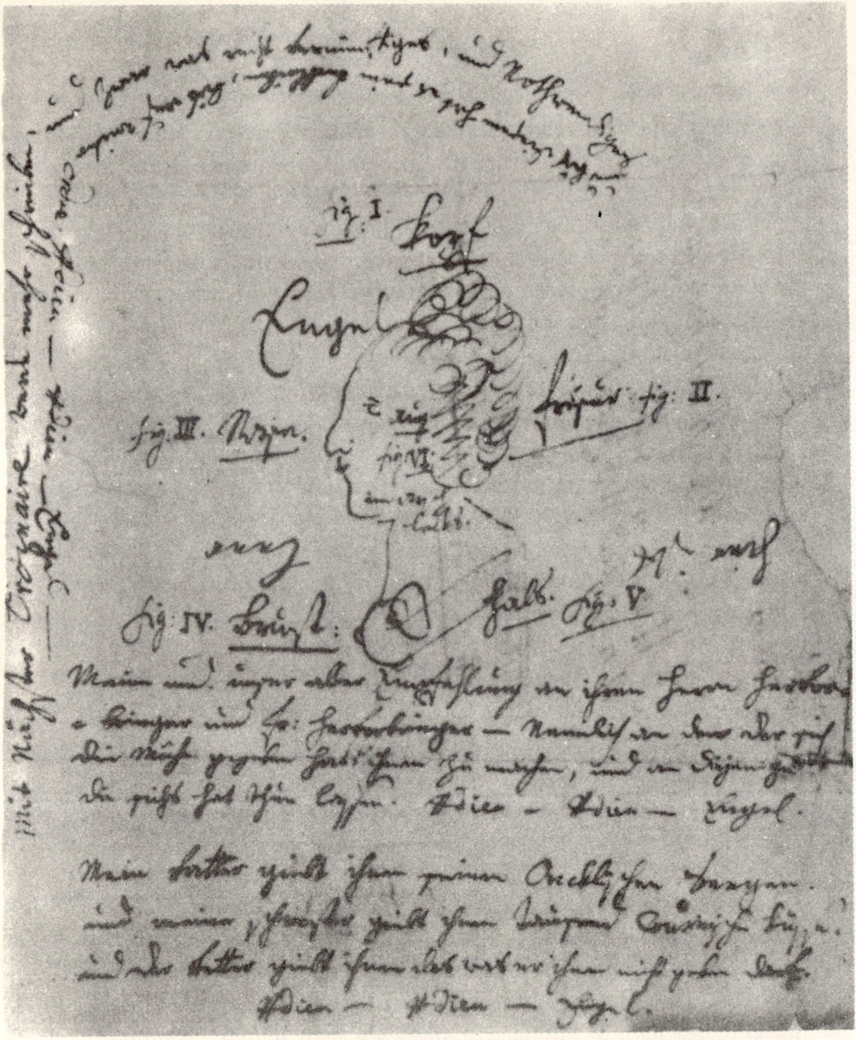

Carta para sua prima, "A Bäsle", datada de maio de 1779. O que está escrito pelos lados e no alto significa: "Escreverei mais pelo próximo correio "Ordinaire" – e prometo que será algo muito sensato e importante, e nós temos que nos contentar com isso até segunda ordem". No próprio desenho, Mozart escreveu "fig. I: cabeça, fig. II: cabelo, fig. III: nariz, fig. IV: seios, fig. V: pescoço". Na testa está escrito "anjo".

Logo Mozart estava assistindo aos ensaios com o maestro da orquestra, Christian Cannabich, que – informava Wolfgang a seu pai – "parece ter grande afeição por mim. Ele tem uma filha que toca teclados bastante bem, e, para ficar realmente amigo dele, estou trabalhando numa sonata para ela." Em nenhuma medida esquecido de suas próprias capacidades e triunfos anteriores, Wolfgang divertiu-se com a maneira pela qual os músicos de Mannheim reagiram ao vê-lo. "Pensei que não seria capaz de controlar o riso quando me apresentaram às pessoas lá presentes. Alguns que conheciam minha reputação foram muito educados e temerosamente respeitosos; outros, porém, que nunca tinham ouvido falar de mim, me fitaram de olhos arregalados, e de maneira bastante desdenhosa. Eles provavelmente pensam que, por ser pequeno e jovem, nada de grande ou maduro pode sair de mim; mas eles em breve verão. . ."

No começo de novembro, Mozart causou grande impressão num concerto com a presença do Príncipe Eleitor e da Princesa, mas a única recompensa concreta foi "um ótimo relógio de ouro. Naquele momento," contou ele a seu pai, "dez carolins teriam sido mais convenientes para mim do que o relógio, o qual, incluindo a corrente e a máquina, foi avaliado em vinte. O que se precisa numa viagem é de dinheiro. Eu agora tenho *cinco* relógios! Em conseqüência, estou pensando seriamente em ter um bolso para relógio adicional em cada uma das pernas de minha calça, assim, quando for visitar algum grande senhor usarei relógios de ambos os lados, que, além disso, é agora a 'moda', de forma que não lhe ocorra me dar mais um."

Leopold, agora com cinqüenta e oito anos, vivendo por conta própria endividado apesar de rigorosa economia doméstica, concordou categoricamente: "Teria sido muito melhor", ele comentou, "se você tivesse recebido quinze luíses de ouro em vez de um relógio. . . Pelo amor de Deus, você realmente tem que conseguir algum dinheiro. . . você tem que dar um jeito de fazer o Príncipe Eleitor de *Mainz* escutar você tocar, e de você receber um presente em dinheiro."

Mas Wolfgang tinha decidido ficar em Mannheim durante o inverno. Suas vagas esperanças de uma colocação na corte foram apoiadas por Leopold numa carta enviada ao padre Martini pedindo uma recomendação; mas nada aconteceu. Afinal, é possível que o Príncipe Eleitor Carlos Theodoro – que no começo de janeiro de 1778 tornou-se também Príncipe Eleitor da Baviera – estivesse relutante em contratar alguém cujo comportamento para com um governante companheiro poderia ser interpretado como deserção. Qualquer que tenha sido a razão, Mozart encontrou pouca receptividade na corte de Mannheim, embora ele e sua mãe tenham sido tratados gentilmente por outros.

Um Conselheiro Privado finalmente levou-os para sua própria casa, depois de *Frau* Mozart ter sofrido muito desconforto em alojamentos sombrios. Lá, contou ela a seu marido, muitas vezes ficava sozinha e tinha que suportar "o frio mais horrível. Pois, mesmo quando eles acendem o fogo, nunca põem mais carvão nele, de forma que quando o primeiro termina, o quarto fica frio de novo. Um foguinho dessa espécie custa doze kreuzer. Então, faço com que eles acendam um pela manhã quando levantamos, e outro à noite... enquanto estou escrevendo, mal consigo segurar a caneta, de tanto que estou congelada. . ." Wolfgang estava freqüentemente fora com seus amigos, ocasionalmente com resultados práticos. "Ele almoçou hoje com um holandês rico," escreveu Anna Maria, "que está lhe dando duzentos florins por umas composições".

Estas composições eram "três pequenos concertos e um par de quartetos para flauta", mas, para fúria incontida de seu pai, Wolfgang só recebeu noventa e seis florins, já que não conseguiu completar a encomenda. Ele nunca foi muito interessado por flauta. Mas havia outra razão para sua desatenção no trabalho.

Em janeiro de 1778 ele travou conhecimento com um cantor de partes secundárias do teatro da corte, *Herr* Fridolin Weber, e logo estava apaixonado por sua filha de dezessete anos, Aloysia, que, soube Leopold, "canta admiravelmente e tem voz pura e adorável. A única coisa que lhe falta é ação dramática; não fosse por isso, ela poderia ser a prima-dona em qualquer palco." E Mozart, prontamente, formulou planos para abrir novas perspectivas em sua carreira viajando com a família para a Itália. Eles iriam via Salzburgo, uma idéia que provavelmente despertou esperanças em *Frau* Mozart de um retorno antecipado para casa. Se isso realmente ocorreu, ela não levou em conta a reação explosiva de seu marido: "Eu estou pronto a acreditar", ele escreveu, "que *Mlle.* Weber canta como uma Gabrielli; que ela tem uma voz poderosa para o palco italiano; que ela tem o porte de uma prima-dona mas. . . que empresário não riria se alguém lhe recomendasse uma menina de dezesseis ou dezessete anos que nunca se apresentou num palco. . . quanto a sua proposta (mal posso escrever quando penso nela) – sua proposta de viajar por aí com *Herr* Weber *e*, ressalte-se, suas *duas filhas* – quase me fez perder o juízo... e você *realmente* foi capaz de se decidir a jogar-se no mundo com *estranhos?* Sem falar na sua reputação, e seus *velhos pais* e sua *irmã querida?*"

Deixando de lado essas idéias irrefletidas, Mozart tinha estado considerando seriamente uma visita à capital francesa, onde tinha obtido um sucesso tão prodigioso quando criança. De forma que ele estava inclinado a seguir a ríspida exortação de seu pai: "Avante para Paris! A partir de Paris o nome e a fama de um homem de talento ressoam pelo mundo. Encontre seu lugar entre as pessoas importantes. Lá a nobreza trata os homens de gênio com a maior deferência, estima e cortesia." E Leopold foi hábil o bastante para lançar mão de um argumento que pode ter resolvido a questão. "Conquiste fama e *ganhe dinheiro* em Paris. Então, quando tiver dinheiro para gastar, vá para a Itália e consiga encomendas de óperas. Isso não pode ser feito escrevendo para empresários. Então você poderia promover o nome de *Mlle.* Weber, o que pode ser feito mais facilmente se você o fizer pessoalmente."

Em março, Mozart e sua mãe partiram para uma viagem de nove dias até Paris. Eles foram na sua própria carruagem, mas somente porque haviam prometido vendê-la ao cocheiro quando chegassem. Foi um começo pouco auspicioso para o episódio mais triste, até então, na vida de Mozart.

Logo Wolfgang começou a fazer visitas pela longa lista de contatos que seu pai tinha lhe dado. Mas isso não era tão fácil numa cidade do tamanho de Paris, agora que eles não tinham mais um meio de transporte particular. "Você diz que eu deveria visitar muita

Silhueta de Aloysia Weber, o primeiro amor de Mozart, feita por Löschenkohl.

gente para fazer novas amizades e reviver as antigas. Isso, contudo, está fora de questão. As distâncias são grandes demais para se ir andando – ou as ruas lamacentas demais, pois realmente a lama em Paris está além de qualquer descrição. Tomar uma carruagem significa você ter a honra de pagar entre quatro a cinco *livres* por dia, e tudo para nada. As pessoas lhe fazem muitos elogios, mas termina aí. Paris está muito mudada. Os franceses não são nem de longe tão educados quanto eram há quinze anos atrás."

Sem dúvida os parisienses tinham achado um menininho brilhante de sete anos muito mais interessante do que um jovem ambicioso de vinte e dois. Felizmente, Mozart tinha pelo menos um apoio influente, o barão Melchior von Grimm, que tinha feito muito para promover os interesses da família durante a sua primeira visita à capital francesa. Ele agora enviou Wolfgang para que fizesse o circuito de seus amigos aristocratas. Esperemos que ele tenha sido mais bem recebido do que o foi pela duquesa de Chabot. Na casa dela, escreveu Mozart, "tive que esperar por meia hora numa sala grande e gélida, sem aquecimento, que não possuía sequer uma lareira. Finalmente a duquesa apareceu. Ela me pediu que fizesse o melhor possível com o teclado daquela sala, já que nenhum dos dela estava em boas condições. Eu disse que ficaria encantado em tentar, mas que no momento era impossível, pois meus dedos estavam dormentes de frio. "*Oui, oui, monsieur*, o senhor tem toda a razão" foi tudo que recebi como resposta. Ela então sentou-se e começou a desenhar, tendo como companhia alguns cavalheiros que se sentavam todos em um círculo em torno de uma grande mesa, enquanto eu tinha a honra de esperar. Havia um silêncio total, e eu não sabia o que fazer de tanto frio, dor de cabeça e tédio. Finalmente, acabei tocando naquele piano-forte miserável, desgraçado. Mas o que me deixou mais irritado de tudo foi que madame e seus cavalheiros não interromperam seus desenhos por um só momento, de forma que eu tive que tocar para as cadeiras, mesas e janelas."

Enquanto isso, a mãe de Mozart ficava em casa, nas pobres acomodações que eles tinham escolhido em nome da economia. "O quarto é escuro", ela disse a Leopold, "e dá para um pátio pequeno e fechado. Não posso ver o sol nem dizer como está o tempo. E por isso nós pagamos trinta *livres* por mês!" Anna Maria queixava-se a seu marido da comida e dos altos preços em Paris, e ele se preocupava com ela, sugerindo que ela deveria tentar encontrar alguem que cozinhasse "do nosso próprio jeito alemão", mas ele não pôde ajudar com dinheiro. Se a vida era dura em Paris, estava caótica na Áustria, onde "não se fala em mais nada a não ser na entrega de cavalos e no transporte de comida... pessoas estão sendo interceptadas nas ruas a chicote e arrancadas de suas camas para se tornarem soldados. Em nome dos céus tenha paciência", implorou Leopold mais uma vez a seu filho, "e esforce-se mais!"

Uma vez que nas suas acomodações não havia um piano, Wolfgang passava seus dias na casa de Jean le Gros, diretor do Concert Spirituel. Ele planejava uma sinfonia concertante para quatro músicos de Mannheim que se encontravam em Paris (seus instrumentos eram flauta, oboé, trompa e fagote), mas, se Mozart chegou a escrevê-la, Le Gros não conseguiu providenciar as cópias e ela não foi incluída no concerto em que supostamente seria executada. "Alguma coisa está acontecendo nos bastidores", era a suspeita de Mozart: "se este fosse um lugar em que as pessoas tivessem ouvidos para ouvir, coração para sentir e algum traço de gosto pela música, estas coisas somente me fariam rir gostosamente; mas, sendo como é, no que diz respeito à música, estou cercado de bestas insensíveis". Uma das provas por que passou foram as aulas de composição para a filha do Duc de Guines, "uma menina estúpida e preguiçosa" que "não tinha uma só idéia na cabeça"; além do mais, o pagamento atrasava. Os amantes da música, porém, lucraram com esta infeliz experiência, uma vez que Mozart compôs para o pai e a filha o *Concerto para Harpa e Flauta* (K299), que está entre seus trabalhos mais apreciados.

Em abril de 1778, as coisas melhoraram um pouco para o jovem compositor e sua mãe. As novas acomodações que foram conseguidas para eles eram, sob todos os aspectos, mais habitáveis, e continham um piano. Anna Maria não esteve bem por um tempo, mas sua saúde melhorou. Wolfgang recebeu uma oferta de emprego como organista em Versalhes, embora Grimm o tenha aconselhado a não aceitar, compreendendo que a composição era a verdadeira paixão do jovem.

No dia 18 de junho, o Concert Spirituel abriu com uma sinfonia magnífica de Mozart, conhecida por nós como a *Paris*, K297. Ele estava amargamente desapontado com a execução nos ensaios, e quase decidiu não comparecer ao próprio concerto. Todavia, finalmente resolveu-se a ir, "determinado a abrir caminho em meio à orquestra e arrancar o violino das mãos de Lahoussaye para reger eu mesmo, caso minha sinfonia saísse tão mal quanto nos ensaios". Afinal, tudo andou bem, e os parisienses gostaram da peça... "particularmente do último *allegro*, porque, tendo observado que todos os *últimos*, como também os *primeiros allegros* começam aqui com todos os instrumentos tocando em uníssono, comecei o meu com apenas dois violinos, *piano* durante os primeiros oito compassos, seguido instantaneamente de um *forte*. A audiência, como eu tinha esperado, disse 'silêncio' no começo e, quando ouviram o *forte*, imediatamente começaram a bater palmas. Fiquei tão feliz que, logo que a sinfonia terminou, eu saí para o Palais Royal, onde tomei um sorvete grande e rezei o terço, como tinha feito promessa de fazer."

Mozart disse a seu pai essas novidades animadoras numa carta escrita num momento de tragédia. No dia seguinte ao sucesso de sua sinfonia, Anna Maria foi para a cama com calafrios. Mal alimentada com comida barata, carente de cuidados médicos adequados, ela rapidamente piorou e, no dia 3 de julho, morreu. Sentado ao lado de sua cama, Wolfgang não conseguia decidir-se a contar a Leopold a amarga verdade, dizendo apenas que sua mãe estava muito doente, e que ele estava inteiramente resignado aos desígnios da vontade de Deus. Pela mesma remessa postal, ele pedia a um amigo de Salzburgo, o abade Bullinger, que desse as notícias a seu pai "muito cuidadosamente. Que Deus lhe dê força e coragem".

Wolfgang logo soube que Leopold e Nannerl estavam profundamente tristes, e seu pai lhe lembrou, como se sua própria consciência não fosse suficiente, dos sacrifícios que sua mãe tinha feito por ele. Em sua terra, Anton Adlgasser, o organista da corte, tinha morrido, e havia motivos para crer que o posto poderia ser de Wolfgang se ele retornasse em seguida a Salzburgo. Existiam razões para acreditar que a permissão para viagens compensadoras ao exterior não seria negada.

Mozart resistiu. "Se eu aceitasse esse trabalho, teria que ter completa liberdade de ação. O comissário chefe não poderia dizer nada para mim quanto a questões musicais ou sobre qualquer outro ponto relacionado à música. Pois um cortesão não pode fazer o trabalho de um *Kapellmeister*, mas um *Kapellmeister* pode muito bem ser um cortesão." Para Bullinger ele escreveu sobre "as injustiças que meu querido pai e eu suportamos em Salzburgo, as quais, por si sós, bastariam para me fazer desejar esquecer este lugar e apagá-lo da minha memória para sempre".

Assim Wolfgang permaneceu em Paris por mais três meses, hospedado na casa do barão Grimm e de Mme. d'Épinay. Uma esperada encomenda da Ópera não se concretizou. Como "um ato de amizade", ele compôs alguma música (*Les Petits Riens*) para o mestre de balé Noverre, que foi usada, numa peça totalmente esquecida,

Abertura da sinfonia Paris, *K297. Mozart favoreceu o gosto parisiense com sua abertura em* uníssono tutti, *o* coup d'archet.

pelo rival de Gluck, Piccini. E continuou esperando com impaciência pelas provas de seis sonatas de violino que estavam para vir de um editor.

Enquanto isso, Grimm, que tinha emprestado dinheiro a Mozart, despertou o ressentimento do jovem ao lembrá-lo de suas obrigações, e escreveu em tom pessimista a Leopold acerca das perspectivas na França, de alguém que era "generoso demais, nada insistente, e facilmente ficava desapontado", sendo totalmente desprovido de "habilidade, espírito de empreendimento e ousadia", exigidas para o sucesso mundano. No dia 26 de setembro, ele partiu a caminho de casa numa carruagem que "se arrastava a passo de lesma".

Mas Mozart mesmo não tinha muita pressa. Depois de dar concertos para audiências pequenas em Strasburgo ele retornou a Mannheim, onde ficou por um mês, na esperança de uma encomenda do teatro. Então, partiu para Munique, para onde Carlos Theodoro tinha agora transferido a sua corte, sua orquestra e sua ópera, o que significava que a família Weber estava instalada na capital bávara.

Lá, Aloysia estava gozando de algum sucesso como cantora e desprezou as renovadas investidas de Wolfgang, cujo futuro, naquele momento, parecia ser pouco promissor. Mas este golpe foi suavizado pela presença em Munique da animada "Bäsle", que acabou por acompanhar Mozart de volta à casa. Depois de presentear a esposa de Carlos Theodoro, a Princesa Eleitora Maria Elisabeth, com as sonatas para violino que tinham sido compostas em Paris, Wolfgang e sua prima deixaram a Baviera, tendo chegado a Salzburgo em 15 de janeiro de 1779.

capítulo 4

A RUPTURA FINAL
1779-1781

Ao retornar a Salzburgo, Mozart foi nomeado organista da corte, e permaneceu em sua cidade a maior parte dos dois anos seguintes, realizando as tarefas exigidas dele pelo arcebispo.

Provavelmente foi para uma cerimônia, na primavera de 1779, durante a qual a coroa foi colocada numa estátua da Virgem na igreja de Maria Plein, na periferia de Salzburgo, que Mozart escreveu a *Missa da Coroação em dó maior,* K317; para a Catedral ele compôs duas orquestrações das Vésperas, e acrescentou mais peças para uma série antiga de "sonatas epistolares" para órgão e cordas: elas receberam este nome porque foram executadas entre as leituras da epístola e do Evangelho. Três sinfonias são datadas deste período – K318 em sol, uma peça curta mas cheia de espírito, K319 em si bemol para pequena orquestra e K338 em dó, que tem um movimento andante de beleza excepcional. Talvez a mais esplêndida de todas as obras de Salzburgo seja a *Sinfonia Concertante* para violino, viola e orquestra, K364, que apresenta pela primeira vez uma profundidade nova no jovem compositor, que tinha apenas pouco mais de vinte anos.

Além de compor e executar, Mozart era requisitado, como organista da corte, a dar lições de teclado, de forma que ele esteve bastante ocupado durante esses dois anos passados em casa com seu pai e irmã. Enquanto isso, sua reputação no mundo fora de Salzburgo continuava a crescer, mesmo que lentamente. O *Mercure de France* elogiou o estilo sinfônico de Mozart por sua riqueza de idéias, acrescentando, porém, que agradava mais à mente do que ao coração. Na primavera de 1780, *La finta giardiniera* foi apresentada em alemão em Augsburgo – provavelmente a primeira vez que uma ópera de Mozart era apresentada num palco que não aquele para o qual fora escrita. Mas, no mesmo ano, quaisquer esperanças que Mozart pudesse ainda alimentar em relação a Aloysia Weber foram finalmente extintas, quando ela se casou com o ator da corte Josef Lange, em Viena. A rotina da vida em Salzburgo tornou-se cada vez mais irritante para ele, como podemos depreender das cartas que escreveu depois de deixar a cidade, em novembro de 1780, quando foi completar uma ópera encomendada pelo Príncipe Eleitor Carlos Theodoro para a temporada de carnaval vindoura em Munique.

Mozart tinha começado a trabalhar no que se tornaria a primeira de suas grandes óperas bem antes de deixar Salzburgo, pois o capelão da corte de lá, Gianbattista Varesco, tinha sido requisitado para elaborar o libreto. Uma vez estabelecido em Munique, Mozart achou necessário fazer muitas alterações para se adequar ao talento de seus cantores, e também esforçou-se para simplificar o texto tornando-o mais efetivo dramaticamente. Leopold Mozart agiu como intermediário numa correspondência longa e áspera com Varesco, que acabou ficando muito zangado e exigiu um pagamento mais elevado. Uma vez que lhe tinha sido pedido que apresentasse pelo menos quatro versões do texto e muitas alterações adicionais, ele talvez merecesse melhor tratamento do que ser desprezado por Leopold como um "tolo ganancioso que só pensa em dinheiro". Contudo, enquanto exigia de Varesco o desempenho necessário, Leopold também submetia o filho a uma torrente de conselhos. "Você tem que anotar todas [as alterações textuais] em sua cópia imediatamente, de maneira que, quando estiver compondo a música, nenhuma delas possa ser ignorada", disse ele a Wolfgang. Também o avisou de que quando estivesse compondo, "considerar não só o público musical como também o não-musical. Você não pode esquecer que, para cada dez conhecedores verdadeiros, há uma centena de ignorantes. Assim, não negligencie o chamado estilo popular, que atinge os ouvidos menos privilegiados". Havia também instruções quanto a como tratar a orquestra em Munique; a lisonja era recomendada como um recurso para atravessar os longos ensaios, quando o mais humilde violista tinha tanta necessidade de um tapa nas costas quanto qualquer outra pessoa.

Leopold ficou encarregado de explicar as coisas para o arcebispo quando a permissão de seis semanas que ele tinha concedido a Wolfgang expirou em meados de dezembro, antes mesmo dos ensaios para a ópera terem começado. Parece não ter havido nenhuma pressão forte para que ele voltasse, mas isso não impediu Wolfgang de xingar o seu senhor por meio de frases em código, como podemos ter uma idéia pelo seguinte trecho: "Se apenas o *A*sno que pisoteia uma *r*oda, e assim fazendo *c*orta em si mesmo um *e*spaço na *b*unda de forma que *i*sso me possibilita ouvi-lo *s*oltar excremento como um castrado com *p*lumas e com suas longas orelhas, se *o*ferece para acariciar o traseiro da raposa, não fosse isso. . ., ora, nós poderíamos todos morar juntos."

A irmã de Mozart, Nannerl, ocupava parte de seu tempo posando para um retrato junto a seu irmão Wolfgang, onde ele já tinha sido pintado durante o último verão e, em meados de janeiro, ela partiu com o pai para Munique, onde eles chegaram a tempo para o ensaio geral de *Idomeneo,* no aniversário de Mozart, 27 de janeiro. No dia 29, depois de dois adiamentos, a primeira apresentação teve lugar, para a aclamação generalizada.

Idomeneo pertence a esse gênero bem definido de entretenimento teatral do século XVIII, a *opera seria.* Conta uma estória da antiguidade clássica de maneira semelhante à da tragédia clássica, e não admite contrastes suaves. Tais peças, muitas vezes, vinham carregadas de *divertissements* irrelevantes antes da época de Gluck, que introduziu uma apresentação mais simples e mais digna, na qual todos os números musicais eram necessários à estória que se desenrolava. Mozart, em suas discussões com Varesco, estava tentando obter um efeito semelhante.

O trabalho que resultou é tão forte quanto apaixonado. É a estória de um rei de Creta na época das guerras troianas. Rezando ao deus do mar para que os livrasse de uma tempestade, ele prometeu sacrificar o primeiro ser vivo que encontrasse na praia. Por azar, ele é recebido por seu filho Idamante. Um monstro assola a ilha, pois

Idomeneo não cumpre seu voto, e é morto por Idamante que, quando descobre a promessa que o pai havia feito, se oferece para o sacrifício. No último momento, ouve-se a voz do deus do mar poupando Idamante sob a condição de que Idomeneo abdique. Idamante torna-se rei, com Ilia, mulher que ama, como sua consorte. Dentre as muitas árias esplêndidas está a "Fuor del mar", de Idomeneo, escrita como um trecho para aproveitar o brilho da coloratura de Anton Raaff, o tenor de sessenta e seis anos que criou a parte em Munique.

Depois que sua ópera foi levada a cena com sucesso, Mozart ainda não estava com pressa alguma de retornar a Salzburgo. Ele permaneceu para aproveitar ao máximo a temporada de carnaval de Munique e fez uma visita familiar a Augsburgo com Nannerl e Leopold. Somente depois de uma ausência de quatro meses Mozart deu atenção, em meados de março, às ordens do arcebispo para juntar-se ao serviço da casa imediatamente em Viena. Colloredo tinha ido para lá dar apoio ao imperador José II, que após a morte de Maria Theresa, em novembro de 1780, agora governava sozinho, e, também, para estar perto de seu pai doente, o vice-chanceler imperial.

Requisitado para tocar como tecladista, Mozart recebeu "um quarto encantador" na casa de Colloredo, mas os arranjos domésticos não eram de seu agrado. "Os dois valetes sentam-se no alto da mesa", ele escreveu para casa, "mas pelo menos tenho a honra de ser colocado acima dos cozinheiros. Quase acredito que estou de volta a Salzburgo". Claramente Mozart tinha aprendido alguma coisa da tática de seu pai em relação a seus companheiros de trabalho, pois ele acrescentou "Muita brincadeira boba e grosseira acontece na mesa, mas ninguém faz piada comigo, pois eu nunca digo uma palavra ou, se tiver que falar, sempre o faço com a maior gravidade e, logo que termino meu almoço, levanto e vou embora." Depois do seu grande sucesso em Munique, é fácil compreender quão profundamente Mozart se ressentiu desse retorno à servidão, reforçado pelo fato de que outros, como o líder da orquestra Brunetti e o cantor Ceccarelli, tinham liberdade para escolher suas próprias acomodações.

Quando os músicos do arcebispo deram um concerto na casa do príncipe Galitzin em março de 1871, Mozart fez uma afronta a seus colegas indo sozinho, e quando chegou, dirigiu-se diretamente ao príncipe e começou a conversar com ele, deixando Ceccarelli e Brunetti a rodar atarantados atrás da orquestra, "sem se atreverem a dar um único passo a frente". De acordo com seu próprio relato, toda a nobreza de Viena tinha ficado do lado de Mozart contra o arcebispo quando lhe foi recusada permissão para se apresentar num concerto de caridade para o *Wiener Tonkünstlersocietät;* porém, na *soirée* do príncipe Galitzin, Colloredo mudou de idéia. O resultado foi um grande triunfo para Mozart no Teatro Kärntnertor, em abril. Mas as causas de ressentimento continuaram a se multiplicar. Justamente na noite em que poderia estar tocando diante do imperador por um bom pagamento, na casa da condessa Thun, Mozart foi convocado para um concerto na casa do pai de Colloredo e, pior ainda, o arcebispo recusou permissão a Mozart para dar um concerto público que ele acreditava seria muito lucrativo. Ele escreveu a seu pai: "Quando penso que tenho de deixar Viena sem trazer para casa pelo menos uns mil florins, meu coração fica realmente ferido. Por culpa de um príncipe que me persegue todos os dias e somente me paga um salário miserável de quatrocentos florins, tenho que dispensar mil? Pois eu certamente ganharia essa soma se tivesse dado um concerto."

A essa altura, embora namorasse a possibilidade de uma carreira independente, Mozart ainda pretendia retornar a Salzburgo quando a visita do arcebispo a Viena terminasse, e improvisou variações sobre um tema proposto por Colloredo em um concerto de despedida, no final de abril. Contudo, quando o arcebispo tentou diminuí-lo novamente, ordenando que levasse de volta uma encomenda a Salzburgo imediatamente, Mozart recusou a tarefa. A paciência que ele tinha procurado demonstrar em nome de seu pai tinha finalmente terminado, e alegou que precisava permanecer alguns dias em Viena para receber um dinheiro que lhe era devido. Ao lhe ordenarem que deixasse a casa de Colloredo, ele refugiou-se com os Weber. No dia 9 de maio, ele teve uma desavença aberta com o arcebispo. "Bem, meu jovem", começou Colloredo, "quando você vai partir?" Mozart disse que não poderia ir naquele dia, dando a desculpa evidente de que a carruagem estava lotada. O arcebispo disse que era melhor ele ir naquele dia, ou teria seu salário interrompido. Mozart era "a pessoa mais dissoluta que ele já tinha conhecido, ninguém o servia tão mal"; ele era "um crápula, um cafajeste, um vagabundo". Implorando a compreensão de seu pai, a carta de Mozart para casa prosseguia: "Então meu sangue começou a ferver, não pude mais me conter e disse 'Então sua Graça não está satisfeito comigo?' 'O quê, você se atreve a me ameaçar... Lá está a porta! Tome cuidado, pois não quero ter mais nada a ver com tamanho patife miserável.' Finalmente eu disse 'Nem eu com você' 'Bem, saia!' Quando deixava a sala, eu disse: 'Isso é definitivo. Amanhã você o terá por escrito!"

No dia seguinte, Wolfgang tentou devolver para o conde Arco o dinheiro que lhe tinha sido dado para a viagem e entregar um pedido de demissão, mas o diplomático Arco disse a Mozart que ele não deveria tomar tal atitude sem antes consultar seu pai. Uma semana mais tarde, outra entrevista similar ocorreu. Razoavelmente, Arco disse a Mozart que, se ele permanecesse em Viena sozinho, não poderia esperar que os volúveis vienenses o sustentassem por muito tempo, que ele deveria parar de dar a impressão que era "insuportavelmente insolente" ao arcebispo e engolir seu orgulho. Mas esse não era o modo de ser de Mozart. "Trato as pessoas como elas me tratam" foi sua resposta. "Quando vejo que alguém me despreza e me trata com desdém, posso ser tão orgulhoso quanto um pavão."

A ruptura final veio no começo de junho. Mais uma vez Arco se recusou a aceitar a petição de Mozart e, sem dúvida exasperado pela pressão feita sobre ele pelo arcebispo, pelo próprio jovem e por Leopold, botou-o porta afora aos pontapés. "Então essa é a maneira de convencer as pessoas, de amolecê-las!", escreveu Mozart. "Jogá-las pela porta afora com um pontapé no traseiro. Esse é o estilo!"

Agora com sessenta e um anos, Leopold temeu não apenas pelo futuro de seu filho como pelo seu uma vez que Wolfgang estava ameaçando vingar-se de Arco, resumindo sua atitude corajosa, ainda que temerária, com as palavras: "Embora eu não seja um conde, tenho mais honra em meu coração do que muitos condes. Lacaio ou conde, quem quer me insulte é por mim tratado como um cafajeste."

Sentindo que ele agora tinha finalmente se libertado de suas cadeias, Mozart abandonou o uso de códigos nas cartas para casa, embora haja evidências de que, de vez em quando, elas ainda eram lidas por Colloredo. Para um homem como ele, Mozart deve ter parecido intoleravelmente arrogante: "Eu sou mais respeitado em Viena do que o arcebispo", afirmava Wolfgang. "Ele só é conhecido como um eclesiástico presunçoso e convencido que despreza todos aqui, enquanto eu sou considerado uma pessoa muito agradável."

Ao decidir-se a ganhar a vida por si mesmo em Viena, ele implorou a seu pai que não se preocupasse quanto a suas perspectivas. "Tenho aqui", ele escreveu, "as melhores e mais úteis amizades do mundo. Sou querido e respeitado pelas famílias mais importantes." Então, como agora, bons contatos eram vitais para o sucesso de um músico independente e, na Viena imperial, quanto mais aristocráticos eles fossem, melhor. O imperador José II tem sido descrito como o mais completo dos déspotas esclarecidos do século XVIII. Um inimigo declarado da superstição e da tradição superada, ele buscou criar um estado forte e centralizado a partir dos territórios e nacionalidades díspares que se encontravam sob o seu domínio. Ele promoveu a tolerância religiosa, o relaxamento da censura e a educação e, embora o efeito global de seu reinado tenha sido de deixar o império dos Habsburgos numa desordem ainda maior do que antes, Viena, no começo da década de 1780, era um lugar estimulante para um jovem artista em ascensão.

Acreditando no palco como instrumento de propaganda, José declarou que o Burgtheater deveria tornar-se um teatro nacional, com o objetivo de trazer unidade, através da cultura, a seus diversos súditos. Embora estivesse banido para os subúrbios, o teatro popular, estimulado pelo espírito de rivalidade, florescia como nunca sob a liderança de homens como Karl Marinelli, que construiu um teatro novo em Leopoldstadt, e Emanuel Schikaneder, o futuro libretista de *A Flauta Mágica*, e já a figura teatral mais popular e consumada de sua época na Áustria.

Em 1780, Viena era uma cidade de 175.000 habitantes que havia dobrado de população em quarenta anos, um centro próspero e cosmopolita que florescia a despeito de uma série de guerras na qual a Áustria era freqüentemente derrotada. Embora a maioria da população fosse constituída de católicos ferventes, a maçonaria se espalhava rapidamente, e a ausência de censura permitia que um rio de panfletos atrevidos aparecessem com títulos tais como *O imperador está certo?* e *A degradação do clero inferior*. Num nível mais popular, havia o anti-clerical *Mamãe quer me mandar para um convento*!

A abnegação estava fora de moda numa cidade acusada por alguns visitantes por seu excessivo amor ao prazer, um gosto que competia em extravagância com a exuberância decorativa da arquitetura vienense barroca. Ao aproximar-se de Viena vindo do rio, no curso de suas excursões musicais, o Dr. Charles Burney ficou impressionado pelas "quarenta ou cinqüenta torres e agulhas" que se erguiam acima da cidade" e, embora ele achasse que as ruas "se tornavam duplamente escuras e sujas por sua estreiteza e pela altura extrema das casas", considerou as casas em si "grandiosas e magnificentes de aparência", graças a seu "estilo elegante de arquitetura, na qual o gosto italiano prevalece, como na música".

Era uma cidade em que a música abundava a qualquer hora do dia ou da noite. Uma banda de "trompas, clarinetes, oboés e fagotes", embora "miseravelmente desafinada", tocava serenatas durante as refeições de Burney, e à noite, em sua estalagem, O Boi de Ouro. Numa manhã de domingo ele foi parado na rua por uma procissão "de três milhas de comprimento, cantando um hino à Virgem em três vozes", e ele ficou surpreso ao ouvir até mesmo os soldados da guarda cantando junto, em harmonia. Inúmeros festivais davam oportunidade de dançar nos jardins de lazer público que, em todo caso, segundo um visitante de Berlim em 1781, estavam sempre cheios de gente da classe trabalhadora depois das cinco da tarde. Quanto a seus "superiores", eles não demoravam a assinar uma série de concertos que estivesse por vir, contanto que o músico em questão fosse capaz de conquistar a preferência popular.

Mozart tinha razão de pensar que, se alguma cidade da Europa de sua época poderia lhe permitir ganhar a vida, essa era Viena.

capítulo 5

SUCESSO EM VIENA
1781-1786

A vida de Mozart como músico independente começou com bastante modéstia. Em junho de 1781 ele se desculpava com seu pai por mandar somente trinta ducados porque, até o momento, ele só tinha um aluno e conseguia "a muito custo sobreviver". Mas, antes do fim do mês, ele já estava dando aulas para a filha de um conselheiro econômico, Josepha von Auernhammer, uma dama que tinha tanta influência quanto talento musical; a única dificuldade aqui era que ela era feia ("gorda como uma rapariga de fazenda", disse Mozart), e que se apaixonou por seu professor.

O descompromissado Wolfgang atraiu rumores de toda a espécie quanto a suas atividades amorosas, muitos deles espalhados por inimigos dedicados, tais como o tecladista tcheco, Leopold Kozeluch, que sem dúvida tinha inveja do talento de Mozart, e que preservava a sua própria reputação tocando em público tão pouco quanto possível. Um certo *Herr* von Moll expressou a esperança de que Mozart voltaria em breve para Salzburgo, uma vez que "só estava em Viena por causa das mulheres", e mais escândalo ainda foi causado pela continuidade de sua residência com os Weber, onde se supunha que ele estava muito intimamente envolvido com a irmã de Aloysia, Constanze. Wolfgang achou necessário negar todas estas alegações firmemente em cartas para seu pai, afirmando, em julho de 1781, que ele estava apenas começando a viver, e que Deus não lhe tinha

1 *Salzburgo. A gravura, de 1795, feita a partir de uma pintura de Franz von Naumann, mostra o castelo medieval dominando um conjunto de construções imponentes.*

2-5 *A família Mozart. Anna Maria Mozart (1720-1778) e seu marido Johann Georg Leopold (1719-1787), "o casal mais bonito de Salzburgo", com Wolfgang, aos sete anos, e sua irmã Nannerl, ambos usando os trajes de gala que lhes foram presenteados pela imperatriz Maria Theresa.*

6, 7 *As casas da família Mozart em Salzburgo. Wolfgang nasceu no terceiro andar da casa que é agora o número 9 da Getreidgasse (*direita*); em 1773, a família mudou-se para acomodações muito mais espaçosas (*abaixo*) na Hannibal-platz (agora Makart-platz).*

8, 9 Acima: *A grandiosidade elegante de Schönbrunn, o palácio imperial de verão, próximo a Viena, onde Wolfgang, aos seis anos, impressionou a família imperial em outubro de 1762. Tendo sido ajudado a levantar-se, depois de ter escorregado no chão encerado, por Maria Antonieta, futura rainha de França, Wolfgang, segundo se conta, pediu-a em casamento.* Esquerda: *O esplendor barroco do órgão em S. Bavo, Hoarlem, onde Mozart, aos dez anos de idade, tocou em 1776.*

10, 11 Acima: *Depois da recepção em Versalhes no Ano Novo de 1764, os Mozart tornaram-se bem-vindos nas casas mais refinadas de Paris. Aqui, Wolfgang toca a harpsicórdio durante um "thé à l'anglaise" no salão do príncipe Conti; o príncipe está de costas para nós.* Esquerda: *O gênio de Mozart foi amplamente reconhecido quando ele visitou a Itália em 1770, com quatorze anos de idade. O papa Clemente XIV o fez Cavaleiro da Espora Dourada, como está aqui retratado.*

12-14 Acima: *O retrato póstumo a óleo de Mozart* (esquerda) *data de 1819, mas foi pintado sob a supervisão de Nannerl, e é considerado um dos mais fiéis à aparência do compositor quando jovem. Ele tinha vinte e seis anos quando casou-se com Constanze Weber* (direita: *pintura a óleo de Joseph Lange, que casou-se com Aloysia Weber). Mozart estava convencido de que Constanze era "a mais doce, a mais esperta e a melhor" das meninas Weber.* Abaixo: *A cantora Aloysia Weber (o primeiro amor de Mozart), cuja irmã, Constanze, ele acabou por desposar. A gravura de 1784 mostra Aloysia como Zémire em* Zémire et Azor, *de Grétry.*

15-18 *Retratos de alguns contemporâneos notáveis (*da esquerda para a direita*): Antonio Salieri (1750-1825). Compositor italiano e um dos rivais de Mozart que alcançou maior sucesso mas, apesar do que os rumores sugeriram, é muito pouco provável que ele tenha envenenado Wolfgang. Muzio Clementi (1752-1832). Compositor italiano e pianista, altamente considerado por Beethoven, mas desprezado por Mozart como uma mera maravilha mecânica depois do confronto de execução que tiveram em 1781. Joseph Haydn (1732-1809), retratado na idade de sessenta e sete anos. O exemplo e o encorajamento do reverenciado Haydn foram de grande valor para Mozart, que era bem mais jovem. Christoph Willibald Gluck (1714-1787). Depois de triunfos no campo da ópera em Paris, Gluck tornou-se compositor da corte para o imperador da Áustria, e viveu opulentamente em Viena.*

19 *A Viena de Mozart vista por Bellotto, 1759-60 (detalhe): os jardins do Palácio Belvedere e a Catedral de S. Stephen, a meia-distância.*

20, 21 *Os princípios igualitários da maçonaria atraíam fortemente Mozart, que foi eleito aprendiz na loja vienense "Beneficência" quando tinha vinte e nove anos.* Acima: *pintura anônima da década de 1780, representando uma reunião de uma loja maçônica em Viena. A figura sentada mais longe à direita é considerada por algumas autoridades como sendo Mozart.* Esquerda: *um companheiro maçom, o conde Thun, cercado de símbolos maçônicos. Os rituais da maçonaria influenciaram fortemente a estória de* A Flauta Mágica.

22-23 Acima: *Talvez o mais romântico dos retratos de Mozart, ainda que inacabado. Foi pintado pelo marido de Aloysia Weber, Joseph Lange, por volta da época em que Mozart casou-se com sua irmã Constanze. Mozart tinha vinte e seis anos. É interessante comparar este com o retrato póstumo da ilustração 12.* Ao lado: *Estátua de Mozart na Albrechtsplatz, atrás da Ópera Estatal, onde foi originalmente erigida em 1896.*

MOZART
MDCCLVI · MDCCXCI
OMODIEN · BIERHA
ENWAR

24-26 A Flauta Mágica, *com sua característica ardilosa de conto de fadas, tem sempre representado um desafio atraente para produtores e diretores de ópera.*

Páginas anteriores:
À esquerda: *A cena da Rainha da Noite, concebida por Karl Friedrich Schinkel para uma produção berlinense de* A Flauta Mágica, *1816.*
À direita: *Concepção de David Hockney para a Cena I do Segundo Ato da ópera, conforme encenada em Glyndebourne em 1978.*

Acima:
Tamino, as três damas e Papageno numa cena do Primeiro Ato da ópera. Os cenários de palco concebidos por Nesslthaler, e pintados por Joseph Gayl, possivelmente para a primeira apresentação em 1791.

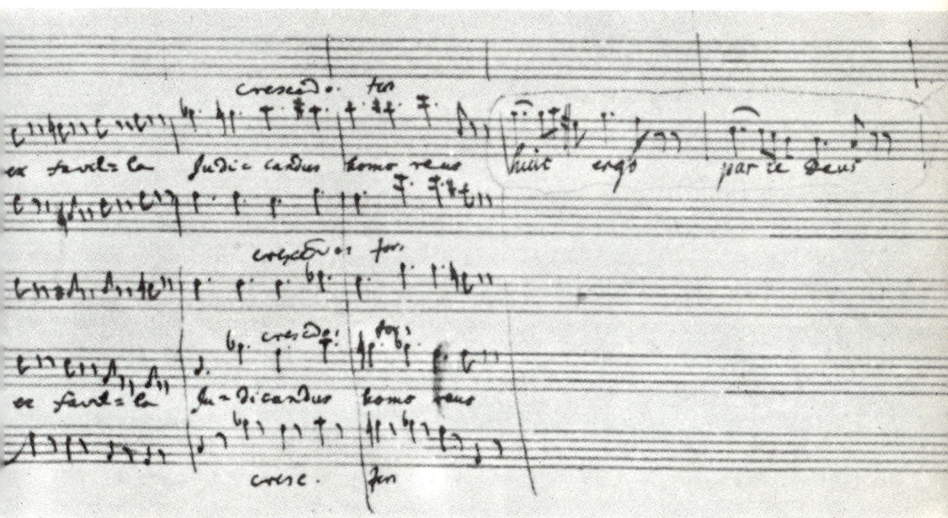

27, 28 Acima: *O piano de Mozart, feito por Anton Walter, que agora se encontra no museu localizado em seu lugar de nascimento. Mozart comprou o instrumento em 1784, e equipou-o com um mecanismo especial de sustentação de notas.* Abaixo: *As últimas notas que Mozart colocou no papel pertencem à Lacrimosa da* Missa Réquiem, *mais tarde completada por Süssmayr.*

29 *A máscara mortuária, anteriormente considerada como espúria, é agora aceita por alguns estudiosos como autêntica.*

dado talento para "que eu o prendesse a uma esposa e desperdiçasse minha juventude na ociosidade". Mozart deixou a casa dos Weber, indo hospedar-se, por pouco tempo, com os Auernhammers – uma atitude que provavelmente não melhoraria muito a sua reputação, tendo em vista os conhecidos sentimentos de Josepha – antes de conseguir um quarto só para si na parte central da cidade.

O ano de 1781 trouxe a publicação de seis sonatas para cravo e violino, e em julho Mozart recebeu o libreto para uma peça musicada dentro da tradição alemã (*Singspiel*), escrito por Gottlieb Stephanie, dramaturgo do Burgtheater. Tratava-se de *Die Entführung aus dem Serail (O Rapto do Serralho)*, um entretenimento com fortes traços do sabor turco em moda na época, que visava uma visita de Estado futura, embora na realidade a produção tenha sido adiada para o ano seguinte. Enquanto isso, problemas pessoais continuavam a preocupar o jovem músico.

Em dezembro, apesar de sua resistência anterior à noção de "estabelecer-se", ele mencionou a seu pai a idéia de casamento. Ele nunca tinha sido o tipo, dizia, que seduz garotas inocentes, mas "a voz da natureza fala tão alto em mim quanto em qualquer outro bobo por aí"; além disso, ele não tinha sido acostumado a tomar conta de suas próprias coisas – "vestimentas, roupas brancas e tudo mais" – e estava convencido de que poderia "se arranjar melhor com uma esposa", mesmo levando em conta a renda que tinha. Mozart estava fazendo o possível para racionalizar uma situação que ele não podia evitar, pois as fofocas envolvendo seu nome com o de Constanze Weber eram tamanhas que o chefe da família Weber extraiu dele a promessa de que casaria com Constanze dentro de três anos e, em caso de não cumprimento, teria que pagar uma pensão anual substancial a ela.

No final de 1781, enquanto estes problemas ainda não se tinham resolvido, Mozart participou de uma competição de teclados diante do imperador em Hofburgo. Seu oponente, o aclamado virtuoso e compositor Muzio Clementi (1752-1832), falou sobre Mozart, que foi considerado vencedor, em termos generosos, mas Wolfgang foi menos benevolente. Ele descartou Clementi como "um charlatão,

O Burgtheater anuncia a primeira apresentação do Seraglio *a 16 de julho de 1782.*

como todos os italianos... Sua força maior reside nas suas passagens em terças. Tirando isso, ele não vale um kreuzer em termos de gosto ou sentimento – para resumir, ele é simplesmente um mecânico".

As constantes esperanças de Mozart de conseguir uma colocação na corte não avançaram em nada com a competição, embora ele tenha sido bem pago para tomar parte nela. Durante a primeira parte de 1782, porém, ele deu um concerto importante no Burgtheater e ajudou a inaugurar uma série de concertos por assinatura no Augarten. Em julho, aconteceu a primeira apresentação do *Entführung* no

Burgtheater. Dizem que o imperador, que estava presente, observou que a ópera tinha "muitíssimas notas", ao que Mozart replicou "exatamente o número certo, sua Majestade". Embora tanto a primeira quanto a segunda apresentação tenham provocado uma certa quantidade de vaias, vindas de grupos organizados pelos inimigos de Mozart, a peça foi um sucesso desde o princípio. Gluck, o mais requisitado compositor lírico de Viena na época, pediu uma nova apresentação, e no mundo fora de Viena, *O Seraglio* se tornaria o mais bem-sucedido dentre todos os trabalhos para cena de Mozart enquanto ele viveu.

É a estória de um amante, Belmonte, que salva a sua amada, Constanze, juntamente com sua criada inglesa e a serva de Belmonte, de um harém que pertence a um paxá turco. O paxá, ainda que apaixonado por Constanze, perdoa-os magnanimamente no fim. Há muita música soberba para os personagens principais, incluindo a grande ária de Constanze "Martern aller Arten", e a peça deve grande parte de sua popularidade ao cômico servo do paxá, Osmin, um personagem que obviamente agradava a Mozart, pois ele pediu ao libretista que aumentasse sua participação.

Logo que *O Seraglio* foi lançado, Mozart implorou a seu pai que desse o consentimento para seu casamento com a Constanze da vida real: "meu coração está inquieto e minha cabeça confusa; nessas condições, como pode alguém trabalhar por algum objetivo de valor?" No dia 3 de agosto, o contrato de casamento foi assinado, e no dia seguinte os dois se casaram na Catedral de S. Stephen. A baronesa von Wäldstadten deu uma ceia "principesca" para eles, Gluck convidou o jovem casal para jantar e o consentimento de Leopold chegou, um pouco tarde, mas ainda assim recebido com grande alívio por Wolfgang: "Eu beijo tuas mãos e te agradeço com toda a ternura que um filho já sentiu por um pai, por teu bondoso consentimento e bênção paternal."

Que Leopold estava ainda longe de estar contente quanto ao bem-estar de seu filho fica claro em sua carta para a baronesa, pedindo-lhe encarecidamente que não deixasse de olhar Wolfgang. "Dois elementos opostos governam a sua natureza", disse Leopold. "Há sempre demasiado ou muito pouco, nunca a moderação. Se não estiver realmente passando necessidades, torna-se indolente e preguiçoso. Se tem que se movimentar, então toma consciência de seu valor e *quer fazer fortuna imediatamente*. Nada pode se interpor em seu caminho; porém, são infelizmente as pessoas mais capazes e as que possuem um gênio mais destacado que têm que enfrentar os maiores obstáculos." Também transparecia em sua carta que o Mozart mais velho estava sendo vítima, em Salzburgo, do comportamento de seu filho para com o arcebispo, embora Leopold se esforçasse ao máximo para conviver com a situação em que se encontrava: "Vivo discretamente com minha filha e tenho alguns amigos que vêm me ver. Leitura, música e um passeio a pé ocasional são nossa recreação e, quando o tempo está ruim, uma partida muito humilde de... xadrez."

A pressão que cercava seu casamento de maneira nenhuma cegou Mozart para as boas qualidades de Constanze – seu bom senso e coração generoso contrabalançavam sua falta de espírito e tendência para a extravagância – e estava ansioso para levar sua esposa a Salzburgo para conhecer seu pai e irmã. Mozart começou a trabalhar na mais grandiosa de suas orquestrações de missa – em dó menor, K427 – com a intenção de executá-la durante sua projetada visita a Salzburgo. Ninguém sabe exatamente porque o trabalho nunca foi terminado, mas, talvez, porque o começo de uma nova temporada em Viena trazia a possibilidade de mais alunos e oportunidades de dar concertos e, pelo momento, a visita foi adiada. Houve, além disso, a possibilidade de uma colocação permanente como professor de música da princesa de Württemberg. Mozart tinha sido recomendado pelo arquiduque Maximiliano e teve que mascarar seu desapontamento quando o posto foi dado a Georg Summer, instrutor de teclado da corte imperial. Ele foi capaz de convencer a si mesmo que a renda que obtinha com seus alunos já se equiparava ao salário que poderia ter esperado ganhar ensinando a princesa.

Apesar disso, a necessidade de ganhar dinheiro dando aulas estava se tornando cada vez mais irritante para Mozart, pois tomava tempo que poderia ser dedicado a sua "amada composição". Tinha que terminar três concertos de piano, além de uma boa quantidade de música instrumental de pequena escala e de música para dançar. Estas obras assinalaram o início de uma de suas maiores conquistas como compositor: a série de diálogos grandiosos para piano e orquestra que praticamente criaram o concerto para piano como o conhecemos hoje em dia. Os concertos em fá, lá e dó (K413, 414 e 415) foram descritos por Mozart como "uma feliz conciliação entre o que é fácil demais e difícil demais; são muito brilhantes, agradáveis ao ouvido e naturais, sem serem insípidos. Há passagens aqui e ali das quais somente os conhecedores poderão desfrutar; mas essas passagens são escritas de tal maneira que o menos informado não pode deixar de ficar satisfeito, embora sem saber por quê." Os três concertos foram publicados no inverno de 1782, num momento em que sua reputação estava no auge como "um dos maiores *virtuosi* da Europa". "No seu incomparável piano-forte", escreveu um membro da audiência sobre um concerto do Augarten desse período, "ele, por diversas vezes, fez com que nós sentíssemos um encantamento doce e a admiração que lhe é devida por sua apresentação brilhante". E a fama de Wolfgang não se limitava a Viena. Em março de 1783, uma revista de música de Hamburgo caracterizou sua posição de destaque quando predisse que o Beethoven de treze anos "certamente se tornará um segundo Wolfgang Amadeus Mozart se continuar a se desenvolver conforme começou".

Os recém-casados puderam mudar-se para acomodações cada vez melhores e, finalmente, atingiram o status cobiçado de um apartamento de primeiro andar, em abril de 1783. Durante a temporada de carnaval daquele ano, eles deram um baile que durou toda a noite numa casa da Wipplingerstrasse, onde estavam alojados no momento, embora, ao escrever para Leopold pedindo emprestada sua roupa de arlequim, Wolfgang tenha tido o cuidado de informar a seu pai que ele havia feito com que os galantes pagassem pelo privilégio de comparecer a sua festa. Contudo, fosse esse o caso ou não, parece que os Mozart já estavam vivendo além de suas possibilidades, pois, na primavera de 1783, Mozart pediu um empréstimo à baronesa von Waldstädten para saldar uma dívida.

Uma entrada para um concerto dado por Mozart c. 1784-5.

De acordo com o que transparecia, Mozart estava indo bem. Em março de 1783, ele tomou parte num concerto organizado por sua cunhada, Aloysia Lange, no Burgtheater. O concerto foi assistido por Gluck, que elogiou calorosamente a Sinfonia K297 de Mozart (a que ele tinha escrito em Paris) e convidou os Mozart e os Langes para virem a sua casa. Uma quinzena mais tarde, Wolfgang ficou gratificado pela presença do imperador num concerto seu no mesmo teatro. Foi um sucesso retumbante. O imperador ficou encantado, e Mozart achava que poderia ter sido ainda mais bem recompensado caso o presente em dinheiro dado pelo imperador tivesse sido feito depois do concerto, em vez de ser depositado na bilheteria anteriormente, como era o costume.

Em maio, a questão de uma visita a Salzburgo foi novamente discutida, mas como Mozart nunca tinha sido oficialmente demitido pelo arcebispo, ele acreditava que poderia ser preso quando chegasse lá. Sua situação em Viena era completamente diferente. Em junho, quando o primeiro filho dos Mozart nasceu, o barão Wetzlar ofereceu-se para ser o padrinho, embora isso tenha causado uma dificuldade passageira com o Mozart pai. Wolfgang tinha a intenção de dar o nome de Leopold ao menino, mas, um pouco antes do batismo, Wetzlar beijou a criança e disse "então, agora você tem um pequeno Raimund" (o nome do filho mais velho do barão). Mozart sentiu que não poderia ofender seu protetor, de forma que o nome teve de ser Raimund Leopold.

Leopold tinha desprezado como "pura conversa fiada" os temores de Wolfgang quanto a seu retorno a Salzburgo, e o jovem casal partiu em julho para a visita há muito prometida à cidade natal de Mozart. Partes da incompleta *Missa em Dó Menor* foram executadas durante a visita à igreja de São Pedro, tendo Constanze como solista soprano, de acordo com a tradição. Mas a reunião familiar de três meses foi apenas um sucesso limitado. No dia 27 de outubro os jovens Mozart partiram para retornar a Viena via Linz, onde passaram três semanas como hóspedes do conde Thun. Em Linz pediram a Mozart que desse um concerto no teatro, para o qual seria necessário uma obra de maior porte, e isto criou uma dificuldade: "Como não tenho uma única sinfonia comigo", ele disse a Leopold, "estou escrevendo uma nova em velocidade alucinante". Tratava-se da *Sinfonia em dó*, K425, agora conhecida como *Linz*.

De volta a Viena, onde o bebê Raimund tinha morrido na sua ausência (de cólica intestinal), Wolfgang entrou no período mais produtivo de sua vida. No ano de 1784 foi requisitado constantemente para concertos, dando nada menos do que dezenove somente no mês de março. Estava também compondo num ritmo febril, de forma que o regime doméstico de Mozart era severo; eles nunca iam para cama antes da meia-noite, e levantavam-se sempre às cinco ou cinco e meia da manhã. Não é de estranhar que a empregada que haviam trazido com eles de Salzburgo se queixasse de falta de sono. O primeiro sinal de fragilidade na saúde de Mozart data deste período de atividade excessiva: no verão ele sofreu o que provavelmente foi uma infecção renal, com violentos acessos de vômito.

Durante aquele ano, Mozart produziu seis de seus melhores concertos para piano, um dos quais, o K449 em mi bemol, ele enviou a seu pai em fevereiro, pedindo-lhe que não o mostrasse a uma única alma viva. Wolfgang o tinha composto para a filha de um conselheiro da corte e sido bem pago – um arranjo muito melhor, do ponto de vista de Mozart, do que entregar seu trabalho a um editor que então o lesaria "imprimindo tantas cópias quanto quisesse". Ele concebia a intenção de, no futuro, recolher assinaturas previamente à publicação, pois o grande número de pessoas que estavam dispostas a assinar seus concertos parecia um augúrio promissor.

Além dos concertos, Mozart estava produzindo música de diversos outros gêneros nessa época, incluindo trabalhos para um e dois pianos, três soberbas serenatas para sopros e diversas outras peças de câmara, incluindo os seis quartetos de corda que ele dedicou a Haydn, que foram publicados em 1785. Essas peças – diálogos entre quatro instrumentos de igual importância – foram escritas sob a influência dos quartetos do próprio Haydn, particularmente os do Op. 33, que são notáveis pela integração contrapontual de quatro vozes independentes.

Mozart, provavelmente, conheceu Haydn em 1781, e uma amizade cresceu entre eles, fortalecida pelas formações de quarteto nas quais os dois participaram. O cantor Michael Kelly referiu-se a uma dessas formações na casa do compositor inglês Stephen Storace, em 1784, quando "os instrumentistas eram toleráveis; nenhum deles era excelente no instrumento que tocava, mas havia uma certa ciência entre eles que, posso afirmar, será reconhecida quando disser os seus nomes:

Primeiro Violino . . . . HAYDN
Segundo Violino . . . . DITTERSDORF
Violoncelo . . . . VANHALL
Tenor (viola) . . . . MOZART

Os "quartetos de Haydn" foram o resultado de um "esforço longo e laborioso" da parte de Mozart, ansioso como ele estava por agradar ao homenageado. Quanto a Haydn, sua admiração por Mozart era ilimitada, e é agradável recordar que o pai de Wolfgang teve a oportunidade de vivenciar esse primeiro testemunho do sucesso de seu filho em primeira mão.

SEI
QUARTETTI
PER DUE VIOLINI, VIOLA, E VIOLONCELLO.
Composti e Dedicati
al Signor
GIUSEPPE HAYDN
Maestro di Cappella di S. A.
il Principe d'Esterhazy &c. &c.
Dal Suo Amico
W. A. MOZART
Opera X.
In Vienna presso Artaria Comp.
Mercanti ed Editori di Stampe Musica
e Carte Geografiche

Folha de rosto dos seis quartetos de cordas dedicados a Haydn e publicados em Viena em 1785.

Em agosto de 1784, a irmã de Wolfgang, Nannerl, casou-se com um funcionário do governo em S. Gilgen, Johann von Berchtald zu Sonnenburg. Pouco antes do evento, Mozart escreveu para ela, expressando a esperança fraterna de que a carta lhe chegasse enquanto fosse ainda uma Virgem Vestal – "mais uns poucos dias e... foi-se". "Nosso único pesar", ele acrescenta na mesma carta, "é pelo nosso querido pai, que agora ficará tão completamente só." Um paliativo, Mozart sabia, seria convidar seu pai para vir para Viena, onde ele estaria em seu elemento, ajudando a organizar o fluxo incessante de concertos.

Leopold chegou a Viena no dia 11 de fevereiro de 1785 e, no dia seguinte a sua chegada, ele juntou-se a Wolfgang e dois outros músicos para executar três dos "quartetos de Haydn" na presença do próprio Haydn. Deve ter sido certamente gratificante ouvir dos lábios de Haydn, nessa ocasião, a famosa declaração; "Diante de Deus e como um homem honesto, eu digo ao senhor que seu filho é o maior compositor que eu conheço pessoalmente ou de nome. Ele tem gosto e, além disso, o mais profundo conhecimento de composição".

Isto diz muito no que concerne ao selo de aprovação de um grande companheiro compositor. Quanto à imagem pública de Mozart nessa época, podemos ter alguma idéia a partir dos *Fragmentos Literários*, bastante entusiásticos, de Schink, publicados em Graz: lá Mozart é elogiado como "grandioso e original em suas composições e um mestre quando se senta ao teclado. Seu concerto ao pianoforte, como foi excelente! E suas improvisações, que riqueza de idéias! Que variedade! Que contrastes de sons apaixonados! Ele nos transporta irresistivelmente na corrente de suas emoções".

Como era de se prever, Leopold ficou maravilhado com a aclamação que recebia seu filho onde quer que fosse e, também, pelo dinheiro que parecia estar sempre entrando. Um mês depois de ter chegado, disse a Nannerl numa carta que "desde que cheguei, o fortepiano de seu irmão já foi levado pelo menos uma dúzia de vezes para o teatro ou então para alguma outra casa". Ele esfregou as mãos ao ver a receita de um concerto de grande porte no Burgtheater somada ao que haviam rendido seis concertos de assinatura, e expressou a opinião de que "se meu filho não tem dívida para pagar, acho que pode colocar dois mil florins num banco. Certamente o dinheiro existe e, no que diz respeito a comer e beber, a casa é extremamente econômica."

Pouco antes de seu pai chegar a Viena, Wolfgang foi eleito para a loja maçônica "Beneficência" como aprendiz, mas em breve ultrapassou este escalão mais baixo. Em março de 1785, Leopold foi admitido na mesma loja e progrediu ainda mais rapidamente, sendo promovido de aprendiz a mestre em pouco mais de duas semanas. Essa pressa incomum foi causada pela partida iminente de Leopold, que deixava Viena. Pela primeira vez seguindo o exemplo do seu filho, ele havia ultrapassado as seis semanas de ausência permitidas pelo arcebispo, e sob a ameaça de ter seu salário suspenso caso ainda prolongasse por mais tempo sua estadia, ele precipitou sua volta para casa, a 25 de abril.

Seguiu-se então um período em que as cartas de Mozart para Salzburgo foram poucas e cada vez mais espaçadas. Em novembro, Leopold queixou-se a Nannerl, dizendo que não tinha notícias de seu filho há um mês. Pouco tempo depois, ele recebeu algumas linhas dizendo o motivo ou, de qualquer forma, dando um motivo: ele estava "até os olhos de trabalho" com *Le Nozze di Figaro*, e Leopold foi compreensivo o bastante para entender que "haverá muita correria e muita discussão antes que (Wolfgang) ajuste o libreto de forma a servir exatamente a seus propósitos e, sem dúvida, que de acordo com seu hábito encantador, ele ficou adiando os problemas e deixou que o tempo passasse."

Mozart não tinha, realmente, condições financeiras para concentrar-se na composição em detrimento das apresentações. Embora tenhamos a palavra de Leopold de que a administração doméstica de Constanze não era perdulária, o casal visivelmente considerava indispensável manter as aparências, e a luta para fazer com que o dinheiro bastasse tornou-se cada vez mais difícil. Em novembro de 1785, Mozart implorou ao compositor e editor Franz Anton Hoffmeister que o ajudasse com algum dinheiro "de que eu preciso muitíssimo neste momento". Foi por essa época que ele se determinou a preparar três novos concertos para piano para a temporada de concertos de Lent, enquanto devotava a maior parte de sua energia a sua mais recente iniciativa lírica, *As Bodas de Fígaro*.

Exatamente como Mozart acabou se decidindo por este tema não é claro. Ele tinha lido um grande número de peças, e tinha mesmo chegado a começar a musicar uma escrita por Lorenzo da Ponte, o poeta do Teatro Imperial em Viena. Esse tema, *Lo sposo deluso* (O Marido Enganado), logo foi abandonado, provavelmente devido à pobreza do libreto. Em janeiro de 1785, o imperador instruiu o censor para que banisse dos palcos vienenses a peça espirituosamente subversiva de Beaumarchais, *Le mariage de Figaro* "uma vez que essa peça contém muitas coisas reprováveis". Mas a peça, embora não tenha sido apresentada em Viena, foi editada, e dessa edição Mozart e Lorenzo da Ponte fizeram uma adaptação, na qual foram retirados os temas politicamente ofensivos, mas sem transformar os personagens em bonecos sem substância. Provido de um fluxo incessante da melhor música de Mozart, *Fígaro* é uma das maiores e mais humanas de todas as comédias líricas.

É uma estória de intriga numa casa aristocrática. O conde sente-se atraído pela criada de sua esposa, Susanna, que está prometida ao valete Fígaro, embora este último também tenha que escapar de uma obrigação de casar-se com outra moça. O pajem, Cherubino, é banido para o exército pelo conde por excesso de namoro. A condessa fica deprimida pois acha que perdeu o amor de seu marido. Depois de muitas e engenhosas marchas e contramarchas, os problemas de todos são resolvidos graças à habilidade do plebeu Fígaro, muito mais do que pelo bom senso da parte de seus superiores sociais.

Mozart precisou de toda a persistência que pôde reunir para conseguir que esta nova ópera fosse produzida. O tenor Michael Kelly nos conta que trabalhos de Gluck e Righini estavam esperando para serem produzidos mais ou menos na mesma época, e os detratores estavam em febril atividade apoiando os rivais de Mozart. Finalmente, um decreto do próprio imperador encerrou a questão: os ensaios de *As Bodas de Fígaro* deveriam começar imediatamente. Tal-

Silhuetas, desenhadas por Löschenkohl, dos primeiros executantes de As Bodas de Fígaro. *Da esquerda para a direita: Nancy Storace (Susanna), Stefano Mandini (Conde Almaviva), Maria Mandini (Marcellina).*

(continua)

vez Mozart tenha conquistado boa parte da predileção imperial com a ópera de um só ato, *Der Schauspieldirektor* (O Empresário), que ele havia composto para uma comemoração privada em Schönbrunn, em fevereiro de 1786 – embora ele tenha recebido apenas metade da quantia que recebeu Salieri, seu rival, por uma outra peça apresentada na mesma ocasião.

A primeira apresentação de *As Bodas de Fígaro*, no dia 1º de maio de 1786, no Burgtheater, deve ter sido um verdadeiro sucesso, pois praticamente todos os números receberam pedidos de bis e a ópera durou duas vezes mais do que o planejado. O resultado disso foi uma proibição imperial de pedidos de bis para peças de conjunto "para evitar a duração excessiva das óperas", de certa forma um tributo a *Figaro*. Houve problemas técnicos na primeira noite, e talvez por isso tenha levado algum tempo para que Viena avaliasse completamente a nova ópera, como sugere a reportagem de um jornal vienense, em julho de 1786: "A música de *Herr* Mozart de uma maneira

(continuação)
Michael Kelly (Dom Basílio e Dom Curzio), Francesco Benucci (Fígaro), Francesco Bussani (Antonio).

geral era admirada pelos conhecedores desde a primeira audição, se excluirmos aqueles cujo amor-próprio e presunção não permitem que eles vejam mérito em nada que não tenha sido escrito por eles mesmos. O público, porém (e isso freqüentemente acontece com o público), não sabia muito bem onde estava pisando. Mas agora, depois de diversas apresentações, quem quer que sustente que a música de *Herr* Mozart pode ser classificada de outra forma que não de obra-prima, estará passando um atestado de maledicência premeditada ou de falta de gosto."

Se Mozart estivesse vivo hoje, teria sido muito bem recompensado por sua obra-prima com o pagamento de direitos autorais e todo tipo de rendas complementares. Na Viena desses dias, ele recebia um simples pagamento de quatrocentos e cinqüenta florins, que não era mais do que conseguiria num concerto de sucesso, e era muito pouco para retardar o estabelecimento da insolvência crônica.

capítulo 6

ACLAMAÇÃO PÚBLICA, SOFRIMENTO ÍNTIMO 1786-1790

Embora *Figaro* tenha feito mais oito apresentações em Viena em 1786, nenhuma foi em benefício do compositor, de forma que Mozart começou a pensar em novas excursões ao exterior como fonte de renda. O projeto de ir à Itália, assim como o de ir à Inglaterra, foi abandonado quando Leopold se recusou terminantemente a tomar conta dos filhos sobreviventes de Mozart. O resto do ano Mozart permaneceu em Viena produzindo uma série de ótimos trabalhos de câmara, o grande *Concerto para Piano em Dó maior* K503, e a *Sinfonia em Ré* K504, que ficou conhecida como *Praga*.

Na capital da Boêmia, o público amante de música já havia demonstrado forte interesse por Mozart desde a produção do *Seraglio*. Pouco tempo depois da encenação de *Figaro*, em Viena, começaram os ensaios para a produção da ópera em Praga e, em meados de dezembro, os jornais da cidade estavam repletos de reportagens a respeito de seu estrondoso sucesso. "Nenhum espetáculo jamais causou tanta sensação", escreveu um observador. Após diversas apresentações o teatro continuava lotado e uma "verdadeira chuva" de poemas de congratulação em alemão foi jogada da galeria.

Quando as notícias de tamanho sucesso se seguiram de um convite para hospedar-se no palácio do conde Thun, em Praga, os

Mozart não hesitaram mais. Eles partiram pouco depois do Natal e chegaram a 11 de janeiro de 1787 para uma recepção gratificante. Na noite mesma de sua chegada, Mozart foi a um baile oferecido por um membro abastado da aristocracia, o barão Bretfeld, onde as moças bonitas de Praga "esvoaçavam em doce deleite ao som da música de meu *Figaro*, arranjada sob a forma de quadrilhas e valsas... Nada é tocado, cantado ou assoviado que não seja do *Figaro.*" No dia 17 de janeiro a presença de Wolfgang numa apresentação da ópera foi saudada por aplausos calorosos logo que a abertura terminou. Ele dirigiu a apresentação seguinte pessoalmente, ao teclado. No dia anterior, depois de um concerto no teatro que incluiu a sinfonia *Praga* e uma improvisação de meia-hora do maestro por insistentes pedidos populares, foram apresentadas variações sobre o sucesso do momento, a ária de Fígaro "*Non più andrai*". O triunfo de Mozart era completo. Nas palavras de um jornal, o *Prager Oberpostamtszeitung*, "tudo que era esperado deste grande artista materializou-se com perfeição".

Antes de retornar a Viena, em fevereiro de 1787, Mozart recebeu uma proposta de Bondini, o diretor do teatro de Praga, para escrever uma nova ópera para a temporada seguinte, e ele imediatamente solicitou os préstimos de Lorenzo da Ponte para escrever outro libreto italiano.

O poeta veneziano, nessa época quase com quarenta anos e destinado a continuar vivo até perto dos noventa, estava sendo muito requisitado. Quase que no mesmo momento ele tinha sido chamado para escrever libretos por Mozart, Salieri e Vicente Martín y Soler, cuja ópera *Una Cosa Rara* tinha desfrutado um sucesso comparável ao de *Figaro* no ano anterior. Da Ponte afirma ter assegurado a um imperador céptico ser capaz de dar conta das três encomendas ao mesmo tempo: "Escreverei à noite para Mozart", ele disse, "e considerarei isso como sendo a leitura do *Inferno* de Dante. De manhã escreverei para Martín, o que equivale a estudar Petrarca. O entardecer será para Salieri, e isso será meu Tasso." Se nós acreditarmos nas memórias de da Ponte, ele sentou-se para trabalhar com uma garrafa de Tokay e "uma garota bonita de dezesseis anos (a quem eu gostaria de ter amado como a uma filha, mas...). Ela entrava no quarto quando ouvia o chamado de uma sineta de mão que, para ser sincero, soava com freqüência: ela me trazia às vezes um biscoito, às vezes uma xícara de café, às vezes nada, só o seu rosto bonito, perfeitamente apropriado para estimular a inspiração poética e a idéia espirituosa."

Por motivos pessoais ou outros, da Ponte se sentiu atraído pela estória de Don Juan, e criou uma versão para Mozart, baseada no *Don Giovanni Tenorio,* de Goldoni, que apareceu em 1736, e num libreto mais recente de um rival veneziano chamado *Il convitato di pietra* (O Convidado de Pedra). A partir desse enfoque da estória, da Ponte incorporou o aparecimento da figura vingadora do *Commendatore,* que ocasiona a destruição final do libidinoso Don Juan, e propiciou a Mozart uma oportunidade dramática magnífica. Mas também permitiu ao compositor um vasto campo de ação em outros sentidos, por exemplo, com os personagens contrastantes de três das vítimas de Don Juan, Dona Anna, Dona Elvira e a menina camponesa Zerlina. Havia um certo destaque para o personagem Leoporello, e material para as magníficas seqüências de conjunto, que estão entre as glórias de *Don Giovanni.*

A criação da nova ópera foi a principal preocupação de Mozart durante o ano de 1787, embora ele tenha encontrado tempo para outros trabalhos, entre eles os quintetos de corda em dó maior e sol menor (K515 e 516) e a *Sonata para Violino em Lá Maior* (K526), e também a famosa *Eine Kleine Nachtmusik* (K525). Sinfonias de Mozart foram executadas em concertos em março e, em abril, Beethoven, com dezessete anos, veio para Viena com a intenção de ter aulas com ele, mas o brilhante jovem foi chamado de volta, quase que imediatamente após a sua chegada, pelas notícias da doença de sua mãe. Mozart não dava mais concertos públicos, em parte, sem dúvida, porque tinha perdido o sabor de novidade para os vienenses, mas também porque preferia dedicar seu tempo à composição. Nesse campo ele era respeitado, mas muitas vezes recebia críticas porque, como escreveu um crítico de Hamburgo, "ele voa alto demais em suas composições engenhosas e verdadeiramente belas." O mesmo escritor prosseguia referindo-se especificamente aos quartetos dedicados a Haydn, que descrevia como "temperados demais". A renda de Mozart declinava à medida que seu tempo dedicado à composição aumentava e, embora tivesse ganho uma boa quantia em Praga, Wolfgang decidiu mudar-se, no final de abril, saindo da Viena central para a então suburbana Landstrasse, onde o aluguel era consideravelmente mais barato.

Nessa época, havia o problema adicional de que a saúde de Mozart não era boa, e ele estava ainda mais deprimido pelas notícias da doença de seu pai. Agora, com sessenta e oito anos de idade, Leopold relatava numa carta que "uma grande mudança no estado de meu velho corpo" estava acontecendo. Ao mesmo tempo que expressava a esperança ardente de que seu pai melhorasse, Wolfgang respondeu com pensamentos auto-reveladores sobre a questão da morte. "Por muitos anos", ele escreveu, "aprendi a me familiarizar de tal maneira com esta melhor amiga do homem que sua imagem já não encerra mais terrores para mim, mas na realidade me traz conforto e perseverança. . . Eu nunca vou dormir, jovem como sou, sem lembrar" (ele tinha trinta e um anos) "que pode ser que eu não veja o dia seguinte. Porém ninguém que me conheça pode dizer que eu seja melancólico ou tristonho em sociedade." Essa declaração foi corroborada por amigos, tais como o cantor Michael Kelly, que figurou na produção original do *Figaro,* e era um convidado freqüente do compositor. Mozart sempre o recebia bem e gostava de vencê-lo no bilhar na "excelente mesa de bilhar de sua casa" – um conforto que Mozart não dispensou até o fim. Kelly recorda, em suas memórias, que Mozart "tinha uma notável predileção por ponche, bebida que o viu tomar em abundantes quantidades", mas ele também confirma que "este homem singularmente pequeno, muito magro e pálido, com abundantes cabelos finos e lisos dos quais era bastante vaidoso" era essencialmente bom de coração e "sempre pronto a agradar".

No final de maio, Mozart teve que suportar o sofrimento causado pela notícia da morte de seu pai. Felizmente havia muito trabalho para distraí-lo e, no dia 1º de outubro, ele deixou Viena com Constanze, indo para Praga supervisionar a encenação de *Don Gio-*

vanni. A estréia estava marcada para 14 de outubro, para celebrar o casamento da sobrinha da rainha, a arquiduquesa Maria Theresa, mas a ópera não ficou pronta e *Figaro* foi reapresentado, sob a direção de Mozart. Os ensaios para a nova peça não foram fáceis e várias anedotas acerca das fases finais de preparação sobreviveram, todas de duvidosa autenticidade. Diz-se que Caterina Bondini, que fazia Zerlina, não conseguia se compenetrar para emitir, de fora do palco, um grito suficientemente aflito, até que Mozart aproximou-se por detrás e a agarrou tão inesperadamente que ela de imediato emitiu o berro exigido. Conta-se também que Mozart escreveu a abertura durante o ensaio geral, embora, na realidade, parece ser mais provável que ele a tenha escrito em uma madrugada, poucos dias antes da apresentação, ajudado pelo ponche e pela conversa de Constanze para ficar acordado.

A primeira apresentação, que aconteceu a 29 de outubro, foi um grande triunfo, apesar das ansiedades de Mozart. "Quando *Herr* Mozart entrou na orquestra", disse um repórter de jornal, "foi recebido com três vivas, o mesmo acontecendo quando saiu. A ópera é extremamente difícil de executar, mas foi apresentada, a despeito disso, depois de um curto período de estudo. Todos, no palco e na orquestra, deram tudo de si para agradecer a Mozart com a recompensa de uma boa apresentação." Além de receber o pagamento habitual de cinqüenta ducados, o compositor foi agraciado com a receita da quarta apresentação da ópera, feita em seu benefício.

Mozart chegou de volta a Viena no dia 12 de novembro, três dias antes da morte, na idade de setenta e três anos, de Gluck, notícia que reviveu as esperanças de Mozart em relação a uma colocação na corte. Como *Kammermusicus* ou compositor da Corte Real e Imperial, Gluck tinha sido requisitado para fazer pouco mais de umas poucas danças para bailes da corte, em troca de um salário anual de dois mil florins, uma soma descrita pelo velho homem como sendo "demais pelo que eu fiz e muito pouco pelo que eu poderia ter feito".

Naturalmente Mozart tinha esperanças quanto à sucessão, e desta vez elas não foram em vão. Embora ele só recebesse oitocentos

Parte da serenata do* Don Giovanni, *"Deh vieni", com acompanhamento de bandolim.

florins por ano, esta soma era muito maior do que a recebida com a produção de uma ópera, e deveria lhe propiciar um certo grau de segurança financeira. A razão pela qual isso não se concretizou permanece de certa forma misteriosa, uma vez que, embora Mozart insistisse em manter as aparências, tivesse um empregado e andasse sempre bem vestido, ele e Constanze viviam, como vimos, em cuidadosa economia.

Em maio de 1788, *Don Giovanni* foi apresentado pela primeira vez em Viena, e o imperador assistiu a uma das quinze exibições que a ópera realizou na capital austríaca naquele ano. Contudo, não foi um sucesso arrasador. O imperador, segundo se conta, teria observado a um dos membros da corte que era "difícil demais para os cantores", e disse a da Ponte que "tal música não é para os dentes dos meus vienenses". Quando o comentário foi repetido para Mozart, diz-se que ele replicou: "Dê-lhes tempo para mastigar".

Essa foi uma época difícil e depressiva para Mozart. Não se encontrava, absolutamente, em boa saúde, e sua renda não permitia que fizesse frente à despesa de morar novamente (como seu estilo de vida exigia) na cidade central. Ele conduziu uma série de concertos organizados pelo barão van Swieten, para os quais modernizou o *Messias*, de Handel, num estilo que sem dúvida agradava ao gosto da época, mas agora parece inadequado.

Num plano totalmente diferente, talvez para uma temporada de concertos projetada para o Casino, Mozart escreveu, durante um período de seis semanas naquele verão, suas três últimas sinfonias: em mi bemol K543, em sol menor K550 e em dó maior K551. Ele usou clarinetes em vez de oboés na *Sinfonia nº 39,* e a peça reflete a emoção quente muitas vezes associada pelo compositor ao tom de mi bemol. A *nº 40,* na tonalidade "apaixonada" de sol menor, tem um tema de abertura com um sentido de urgência que estabelece o clima de uma composição intensa, mas ainda assim graciosa, e a grandeza majestosa da sinfonia final em dó maior, posteriormente conhecida pela alcunha de "Júpiter", culmina num brilhante *finale* com características de fuga. Ironicamente, ao mesmo tempo em que produzia estas obras de gênio criativo incomparável, Mozart foi forçado a adiar a publicação de músicas de câmara recentes por falta de assinantes. Em junho ele escreveu a primeira de uma longa série de cartas solicitando auxílio a seu companheiro de maçonaria Michael Puchberg. Puchberg, no começo, fez empréstimos relativamente pequenos, mas, mais tarde, um pedido para uma quantia bem maior a ser paga em período mais longo de tempo. No começo de 1789 Mozart fez um empréstimo de cem florins ao advogado e magistrado Franz Hofdemel, então próximo ao final de seu noviciado maçônico, mas pôde pagá-los, conforme o prometido, dentro de quatro meses — talvez por causa da assistência que foi dada por um outro membro da loja de Mozart, o príncipe Karl Lichnowsky.

Em abril de 1789, o príncipe convidou o músico para unir-se a ele numa viagem de negócios a Berlim, onde havia muito a esperar da proteção de Frederico Guilherme II da Prússia, um violoncelista capaz e um esclarecido amante da música. Houve paradas no caminho: em Praga, onde Mozart escreveu para casa para dizer a Constanze o quanto tinha saudades dela, e em Dresden, onde houve competições, ao órgão e ao piano, entre Mozart e o principal tecladista de Dresden, J. W. Hässler, cujas habilidades não impressionaram Wolfgang. Em Leipzig, Mozart tocou no órgão de Bach, na igreja de São Tomás, para uma numerosa congregação, e deu um concerto recebido com entusiasmo para uma audiência lamentavelmente pequena.

Os preços cobrados nessa ocasião podem ter sido mais altos do que era de costume em Leipzig, mas o fato é que Mozart, com toda a sua reputação como tecladista, não era universalmente reconhecido como o gênio que hoje sabemos que ele era. Enquanto o *Fígaro* era aclamado em Hanover naquele ano, como sendo "grandioso e belo, cheio de arte, fogo e gênio", um crítico em Frankfurt, mais ou menos no mesmo período, declarava que a música de *Don Giovani* "não era suficientemente popular para despertar o interesse geral". Um periódico de música de Copenhague afirmava que, com todas as suas "idéias elevadas", Mozart não encontrava aceitação imediata porque tinha "uma inclinação decidida para o difícil e o incomum".

Entre aqueles que de fato apreciavam a grandeza de Mozart estava Ludwig Tieck, cujas memórias foram publicadas em Leipzig em 1855. Ele conta que, quando Mozart era vivo, as óperas de Dittersdorf tinham uma recepção mais favorável em Berlim do que as de seu rival, embora o *Seraglio* tenha sido reencenado como um gesto de boas-vindas quando Mozart chegou na capital prussiana, na primavera de 1789. Conta-se que quando Tieck entrou no teatro, muito antes da hora da apresentação começar, encontrou "uma figura pequena e pouco expressiva vestindo um sobretudo cinza" que ia de uma estante de música para outra no poço da orquestra, examinando cuidadosamente as pautas. Tieck entabulou conversa com o estranho a respeito do teatro, da ópera e do gosto do público, e expressou sua admiração, acima de tudo, pelas óperas de Mozart. "Então você ouve com freqüência as óperas de Mozart e gosta delas?" o estranho perguntou. "Isso é muito simpático da sua parte, meu jovem." Logo o estranho foi chamado por alguém no palco, e Tieck perguntou o nome da pessoa com quem tinha estado conversando. Ficou grandemente emocionado quando lhe disseram que era o próprio Mozart.

Mozart apresentou-se diante do rei e da rainha da Prússia em meados de maio e foi bem remunerado, embora tenha advertido a sua esposa que não esperasse grandes lucros quando de sua volta para casa. O que de fato aconteceu, embora ele tivesse retornado a Viena, em junho de 1789, com a intenção de escrever seis quartetos de corda e seis sonatas para o rei da Prússia, que tinha provado ser um cliente generoso, Mozart completou somente três dos quartetos (com as partes de *cello* planejadas para se adaptarem ao talento do próprio rei) e uma das sonatas. Muito em breve os apelos a Puchberg se renovaram, pois agora Constanze, novamente grávida, estava seriamente doente com um problema no pé. Mozart também não estava bem e incapaz de trabalhar. A ansiedade, sem dúvida, inibia seus esforços de composição, e não havia mais procura, em Viena, por seus talentos de executante. "Bom Deus", escreveu Mozart em desespero para seu amigo, "eu me dirijo a você não com agradecimentos, mas com novas solicitações. Em vez de pagar as minhas dívidas, estou pedindo mais dinheiro. Se você realmente me conhece, é capaz de se solidarizar com a minha angústia em ter de fazê-lo." Como Puchberg não cedeu imediatamente ao pedido de mais quinhentos florins, Mozart escreveu de novo em meados de julho, reforçando seus rogos com a notícia de que Constanze teria que fazer uma cura em Baden, uma estação de águas 27 quilômetros ao sul de Viena.

Constanze partiu em agosto para a estação, onde Mozart ia visitá-la. Quando não estava com sua esposa, dava a impressão de ficar num estado de ciúme permanente. Sempre a advertia, em suas cartas, para que não se comportasse de maneira a ameaçar a reputação deles. Não que pudesse ter havido alguma justificativa de importância para quaisquer temores nesse sentido. Constanze, além de estar doente, estava em estado de gravidez bastante avançado, tendo dado à luz em novembro uma menina que morreu uma hora depois de cólicas.

Mais encorajador para o compositor foi a reapresentação altamente bem-sucedida de *Figaro* em Viena naquele verão e a encomenda do imperador de uma nova ópera italiana, a ser escrita novamente em cooperação com Lorenzo da Ponte. *Così fan tutte* (Assim Fazem Todas Elas) ocuparia Mozart quase que de forma a excluir qualquer outro trabalho de composição até o final de 1789. A única exceção notável foi o *Quinteto com Clarinete*, que ele escreveu para o clarinetista Anton Stadler, e que teve a sua primeira apresentação em um concerto no Burgtheater em dezembro daquele ano.

Da Ponte tomou emprestadas algumas das idéias para o *Così fan tutte* (que trazia o sub-título de *A Escola para Amantes*) de *La grotta di Trofonio*, uma ópera produzida em 1785 por Antonio Salieri, muitas vezes considerado como o arqui-rival de Mozart; foi Salieri e não Mozart, o apontado, em 1788, para *Kapellmeister*, o principal funcionário musical da casa imperial.

A estória da ópera é lindamente construída, uma comédia elegante e às vezes hilariante, que propiciou a Mozart uma grande variedade de possibilidades expressivas. Dois jovens oficiais do exército, Ferrando e Guglielmo, apostam com o cínico Don Alfonso que as duas namoradas deles, Fiordiligi e Dorabella, permanecerão fiéis durante suas ausências. E assim partem para o serviço ativo, deixando suas amadas em lágrimas. Para testar a fidelidade delas, eles retornam pouco tempo depois disfarçados de albaneses, e descobrem que, depois de pouco tempo, as garotas estão prontas a esquecer suas promessas. A princípio chocados e aborrecidos, eles acabam por se acalmar sob a influência de Don Alfonso, que foi quem instigou toda a trama, e tudo termina a contento.

Nós sabemos muito pouco a respeito da gênese de *Così*. Haydn e Puchberg, que há tanto se sacrificava, assistiram a um rápido ensaio na casa de Mozart, na noite de Ano Novo, e a ópera foi apresentada pela primeira vez, com grande sucesso, no Burgtheater no dia 26 de janeiro de 1790. Permaneceu sendo uma das óperas mais queridas de

Mozart desde então, embora, durante o século XIX, tenha sido, às vezes, classificada de imoral.

Menos de um mês depois da estréia, o Imperador José II morreu, e com sua partida, a associação de Mozart com da Ponte chegou ao fim. José tinha sempre defendido tanto o poeta quanto o músico das fofocas espalhadas por seus inimigos – Mozart afirmava que Salieri fazia intrigas contra ele o tempo todo – e, após a morte do imperador, da Ponte achou mais prudente deixar Viena depressa. Ele fugiu para Trieste, e acabou por tomar o rumo de Nova York, onde morreu com a idade de oitenta e nove anos, sua imortalidade garantida por três obras-primas da ópera, nas quais sua contribuição foi indispensável.

capítulo 7

O FIM E O COMEÇO

O novo imperador, Leopoldo II, logo introduziu mudanças no seu departamento musical, mas quaisquer esperanças que Mozart pudesse ter de suceder a Salieri como *Kapellmeister* foram rapidamente desenganadas. Diante disso, ele se candidatou para o posto de segundo *Kapellmeister*, dando ênfase a sua capacidade de compositor de igreja. E continuou a suplicar mais dinheiro a Puchberg, desta vez justificando-se com o fato de que, se sua pobreza se tornasse conhecida, prejudicaria suas possibilidades na corte, "porque, infelizmente, eles não julgam pelas circunstâncias, mas somente pelas aparências".

As tentativas de Mozart no sentido de obter uma colocação nova na corte não resultaram em nada, embora ele continuasse na sua posição de compositor da corte, com um salário que não se aproximava sequer da quantia necessária para manter a ele e sua família no padrão que considerava apropriado. Puchberg recebeu um fluxo constante de cartas suplicantes durante o verão de 1790, nas quais Mozart declarava que as preocupações financeiras estavam impedindo que ele concluísse os quartetos para o rei da Prússia, reiterava a despesa que representava a má saúde constante de sua esposa (que podia ter como causa a freqüência com que engravidava) e queixava-se de que ele também, às vezes, se sentia indisposto para trabalhar, depois de noites tornadas insones pela dor. Uma teoria médica sugere que Mozart poderia estar sofrendo de uma doença renal que evoluía, cujos sintomas incluem a "palidez e os olhos saltados" observados na aparência de Mozart nessa época.

Puchberg certamente deu-lhes ajuda, pois Constanze foi para Baden novamente no meio do verão, acompanhada de seu marido "em nome da economia". De volta a Viena, ele tinha recomeçado a aceitar alunos como uma forma de ganhar o suficiente para as despesas, incluindo Franz Xavier Süssmayr, que conquistaria seu lugar na história da música completando a *Missa Réquiem* que Mozart não terminou. Foi uma decepção amarga o que ocorreu em setembro de 1790, quando o rei e a rainha de Nápoles visitaram Viena para o duplo casamento de suas filhas com os arquiduques Franz e Ferdinand; foram encomendadas óperas a Salieri e a Josef Weigl, tendo sido organizado um concerto de gala, mas Mozart não foi convidado a escrever nada, nem a tocar.

Num estado que deve ter sido quase de desespero, ele decidiu seguir com a corte para Frankfurt, para a coroação do novo imperador a 9 de outubro; tinha certeza de que as festividades lá lhe propiciariam alguma oportunidade. Empenhando sua prataria para alugar uma carruagem, ele partiu num súbito recrudescer da animação, e disse a Constanze, já de Frankfurt, que estava sendo convidado para toda parte, embora todas as manhãs ele ficasse no "buraco do seu quarto" para compor. Uma semana depois da coroação, Mozart deu um concerto na sala de música da municipalidade, que incluiu o *Concerto em Ré Maior* K537, conseqüentemente conhecido como "Coroação". Um dos presentes, o conde Ludwig von Bentheim-Steinfurt, registrou em seu diário de viagem que "não havia muita gente".

Mais tarde, em outubro, aconteceram visitas a Mainz, onde Mozart foi pago muito mais generosamente por um concerto do que ele disse a Constanze, e a Mannheim, onde o elenco da primeira produção de *Figaro* na cidade implorou-lhe que ajudasse nos ensaios. Finalmente, no caminho de volta para Viena, ele parou em Munique, onde o Príncipe Eleitor convidou-o a tocar num concerto em honra do rei de Nápoles. Lembrando sua humilhação anterior, Mozart escreveu amargamente a sua esposa: "É um *ótimo* crédito para a corte de Viena que o rei tenha que me ouvir num país estrangeiro!"

Um convite esperava Mozart quando ele retornou à casa, e deve ter sido atraente. O empresário londrino Robert May O'Reilly tinha escrito oferecendo a Mozart trezentas libras se ele viesse para a Inglaterra por seis meses e escrevesse duas óperas. Mais ou menos na mesma época, Mozart foi apresentado, em Viena, a Johann Peter Salomon, que também o convidou para visitar Londres. Haydn, como sabemos, aceitou o convite de Salomon, embora ele tivesse idade suficiente para ser pai de Mozart. Mozart considerou Haydn um imprudente por viajar para tão longe com quase sessenta anos. O homem mais jovem não estava disposto a ir para a Inglaterra, em parte porque tinha compromissos em Viena, e em parte porque relutava em abandonar sua mulher e amigos mais uma vez. Mozart, segundo se conta, acenou um adeus para Haydn que partia com lágrimas nos olhos e as palavras proféticas "temo que nunca mais nos veremos".

Da Ponte recorda em suas memórias como, também, tentou persuadir Mozart a juntar-se a ele em Londres, e cita uma carta do compositor na qual Mozart fala da aproximação iminente da morte, e de sua necessidade imperativa de trabalhar enquanto ainda podia fazê-lo. A carta pode não ser autêntica, mas não há dúvida quanto à pressão extrema sob a qual ele se forçou a labutar durante seu último ano de vida. Em algum dia do ano de 1790, ele recebeu do ator e empresário Emanuel Schikaneder, um companheiro de maçonaria, o esboço e parte do texto do que se tornaria *A Flauta Mágica;* algumas partes da música, incluindo o divertido dueto entre Papageno e Papagena, foram entregues na primavera de 1791. Schikaneder também escreveu a letra de uma cantata maçônica que Mozart deveria terminar para a abertura de uma nova loja em novembro daquele ano. Em março, Mozart apresentou seu último e sereno concerto para piano, o K595 em si bemol; ele produziu dois grandes quintetos para cordas em ré e mi bemol, K593 e K614. Um convite chegou de Praga, em julho de 1791, para uma nova ópera para a coroação, em setembro, na capital boêmia, do imperador Leopoldo. Durante o verão, um estranho procurou o compositor com um pedido para uma Missa Réquiem, um fato que Mozart encarou como premonição de sua própria morte. Na realidade, o mistério advinha do plano secreto do conde Franz Walssegg-Stuppach, que desejava apresentar o Réquiem como um tributo de sua própria autoria à memória de sua esposa morta.

Se a morte de Mozart não foi apressada por excesso de trabalho, como muitos acreditaram, o ritmo de sua atividade em 1791 não ajudou em nada a melhorar sua saúde. Nós lemos a respeito de noites em que ele não ia para a cama antes das duas horas, e se levantava para começar novamente o trabalho do dia às quatro. A preparação de *A Flauta Mágica* fez com que entrasse em contato com a companhia teatral de Schikaneder, e freqüentemente ele passava longas noites sociais com eles, especialmente quando sua esposa estava ausente, como esteve durante os meses de verão de 1791, tratando-se com as águas de Baden. Aquilo que observadores hostis rapidamente classificaram de vida desregrada era explicado por Mozart como sendo sua necessidade imperiosa de companhia agradável. "Não é nada bom para mim ficar sozinho quando tenho alguma coisa em mente", ele explicava a sua esposa no decorrer de uma descrição de como passava as noites quando ela estava fora. "Fui ao Teatro Kasperle para ver a nova ópera, então, ao passar pela cafeteria, olhei para ver se Loibl estava lá, mas não havia sinal dele. Fiz, novamente, uma refeição no "Krone" simplesmente para não ficar só, e lá pelo menos encontrei alguém com quem conversar. Então fui direto para a cama...". Uma outra carta é ainda mais reveladora do estado mental do compositor no verão de 1791: "Não posso descrever o que tenho sentido, uma espécie de vazio que me dói terrivelmente – uma espécie de ânsia que nunca é satisfeita, que nunca cessa e que persiste, não, que ainda aumenta diariamente... se vou para o piano e canto alguma coisa da minha nova ópera, tenho que parar imediatamente, pois isso mexe fundo demais com as minhas emoções". Quando Constanze retornou a Viena, dando à luz sua sexta criança no dia 26 de julho, seria de se esperar que pelo menos parte do sofrimento íntimo de seu marido fosse aplacado.

Na segunda metade de agosto, os Mozart partiram para Praga, para a produção de *La clemenza di Tito,* a ópera que Mozart compôs para a coroação do imperador naquela parte de seus domínios. A

Die Zauberflöte.

Eine

große Oper in zwey Aufzügen.

Von

Emmanuel Schikaneder.

Die Musik ist von Herrn Wolfgang Amade Mozart, Kapellmeister, und wirklichem k. k. Kammer-Compositeur.

Wien,

gedruckt bey Ignaz Alberti, 1791.

Folha de rosto da primeira edição do libreto de A Flauta Mágica, *com* (esquerda) *o frontispício apresentando motivos egípcios e símbolos maçônicos, e* (direita) *desenho do figurino de Papageno.*

estória, adaptada de Metastasio, conta a vida do imperador romano Tito. Mostra a monarquia sob uma luz bem favorável, como seria de se esperar numa ocasião dessas. De qualquer maneira, Mozart estava, sem dúvida, ainda com esperanças de amolecer a indiferença do coração duro de Leopoldo, e seu Tito demonstra uma clemência verdadeiramente assombrosa, até mesmo com aqueles que conspiram contra a sua vida e incendeiam Roma.

A música, parte da qual foi escrita na carruagem a caminho de Praga com a ajuda de Süssmayr, então um copista devotado, é, de uma maneira geral, abaixo do nível das grandes obras do último período de Mozart. Mas um *finale* esplêndido para o primeiro ato, e duas das árias trazem o interesse especial das partes *obbligato* para clarinete e tuba, que foram executadas por Anton Stadtler. Quando de volta a Viena, Mozart conseguiu tempo para compor para Stadtler um *Concerto para Clarinete* cujas belezas outonais são comparáveis às do maravilhoso *Quinteto com Clarinete*.

Logo depois de sua chegada em Praga, Mozart assistiu e talvez tenha regido uma apresentação de festival do *Don Giovanni*. Quatro dias mais tarde, no dia 6 de setembro, *La clemenza di Tito* foi apresentada diante de uma audiência que incluía o imperador; depois de chegar uma hora atrasado, ele concedeu à peça uma receptividade polida. Houve pouco das atividades sociais deslumbrantes que acompanharam o sucesso do *Figaro* e, de acordo com um relato, quando Mozart deixou Praga após essa visita, estava obviamente doente, tomando remédios continuamente, embora ainda fosse capaz de demonstrar uma espécie de "alegre seriedade".

De novo em Viena, ele mergulhou na preparação final de *A Flauta Mágica (Die Zauberflöte)*, que foi apresentada pela primeira vez no *Theater Auf der Wieden* no dia 30 de setembro, com Mozart regendo do piano. Foi um sucesso desde o começo: nada menos de vinte apresentações foram feitas em outubro e Mozart teve a gratificação de ver as audiências crescerem à medida que a temporada continuava.

A Flauta Mágica é uma estranha mistura de cerimônia solene, baseada nos rituais maçônicos, e comédia de espírito leve, beirando a farsa. A estória baseia-se na eterna oposição entre o bem e o mal, personificados nos personagens Sarastro, o Alto Sacerdote, e a Rainha da Noite. A filha da rainha, Pamina, é aprisionada por Sarastro, e o jovem Tamino parte para salvá-la, acreditando, sob a influência da rainha, que Sarastro é o agente do mal. Tamino é ajudado nessa empreitada por uma flauta mágica e um apanhador de passarinhos, Papageno, que anda equipado de um glockenspiel* mágico. Tamino logo que descobre que foi enganado quanto à natureza de Sarastro e, tendo se apaixonado por Pamina, é iniciado na irmandade sacerdotal. Ambos os amantes são submetidos a provas cerimoniais. A Rainha da Noite faz uma última tentativa para resgatar Pamina, mas a força do bem triunfa e tudo termina de maneira feliz.

A partitura é rica em música grandiosa por toda a sua extensão, mas as duas árias para baixo de Sarastro e os efeitos de coloratura da Rainha da Noite tornaram-se favoritos eternos, juntamente com a adorável ária para tenor de Tamino ao expressar seu amor por Pamina depois que lhe mostram seu retrato, e a ária de Papageno na sua primeira entrada, quando descreve a sua profissão de apanhador de passarinhos.

Papageno foi interpretado, na primeira produção, pelo próprio Emanuel Schikaneder, um comediante popular e completo, com quem Mozart gostava de implicar quando tinha oportunidade. Escrevendo para Constanze, que mais uma vez passava algum tempo em Baden durante o mês de outubro, Mozart contou como, numa ocasião, ele decidiu apossar-se do glockenspiel que estava fora do palco, e tocá-lo enquanto Schikaneder fazia a mímica da execução. "Só de brincadeira", escreveu Mozart, "no lugar em que Schikaneder tem uma pausa, eu toquei um arpejo. Ele ficou surpreso, olhou por trás dos bastidores e me viu. Quando veio a pausa seguinte, eu não toquei arpejo nenhum. Desta vez ele parou e recusou-se a prosseguir. Eu adivinhei o que ele estava pensando e toquei outro acorde. Então ele

---

* Glockenspiel: instrumento que imita o som de sinos. (N. T.)

deu um tapa no glockenspiel e disse ao instrumento para calar a boca! Todo mundo riu, porque eles compreenderam, pela primeira vez, que Schikaneder não estava tocando o glockenspiel ele próprio."

No dia 13 de outubro, Mozart teve o gosto de levar Salieri a uma apresentação e testemunhar sua aprovação sincera do trabalho: "ele ouviu e observou com toda a atenção e, desde a abertura até o coro final, não houve um só número que não arrancasse dele um *"bravo"* ou um *"bello"*!

É bom saber que *A Flauta Mágica* trouxe um grau de verdadeira satisfação para Mozart, embora uma reportagem num jornal de música de Berlim dissesse que, apesar do custo da produção e da magnificência dos cenários, "não conseguiu ter o sucesso esperado", com o escritor acrescentando que Viena estava ainda esperando impacientemente por uma renascença lírica quando Cimarosa chegou para substituir Salieri como *Kapellmeister.* O mesmo periódico, porém, demonstrou maior percepção na sua crítica de uma produção berlinense da *Don Giovanni,* no dia 10 de outubro de 1791. Dizia: "É preciso unir um conhecimento profundo da arte com o talento mais feliz para inventar melodias, e então unir ambos com a maior originalidade possível para obter uma imagem realmente fiel do gênio musical de Mozart". Evidentemente que haviam alguns indivíduos de discernimento que davam a Mozart o seu devido valor, mesmo durante o seu curto período de existência.

Constanze retornou de Baden em meados de outubro e, enquanto andava com ela no Prater um dia, Mozart irrompeu em lágrimas dizendo que achava que tinha sido envenenado e não viveria por muito tempo. Josef Deiner, proprietário de uma taverna vienense, *A Serpente de Prata,* encontrou-o igualmente deprimido um dia em novembro, "com a aparência mais pálida do que de costume, seu cabelo liso e empoado em desalinho, e o pequeno rabicho amarrado descuidadamente". Mozart tinha pedido vinho em vez de sua cerveja costumeira, mas nem tocou na bebida. "Você parece muito doente e abatido, Maestro", disse Denier. "Ouvi dizer que esteve em Praga, e que os ares da Boêmia não lhe fizeram o menor bem. Mas você vai ficar bom!" "Não," replicou Mozart, "temo que não haverá muito mais música. Sinto uma frieza chegando que não posso explicar. Beba meu vinho. Farei com que acendam o fogo hoje mesmo".

O compositor recuperou-se o suficiente para dirigir a sua nova cantata (K623) na consagração de um templo maçônico, a 18 de novembro. Mas, dois dias mais tarde, ele foi para a cama com inchação nos pés e nas mãos, uma espécie de paralisia e acessos de vômito. Durante os dias que se seguiram, entre as visitas dos médicos, Mozart continuou a trabalhar febrilmente no seu Réquiem, explicando suas idéias para Süssmayr, e aperfeiçoando alguns detalhes no piano de seu quarto. Houve até alguns rápidos ensaios de partes do trabalho em torno de seu leito de doente, incluindo um, no dia 4 de dezembro, no qual ele cantou a parte do contralto: durante a Lacrimosa, ele não pôde continuar, chorando incontrolavelmente. Alguém cantou a canção do apanhador de pássaros da *Flauta Mágica* para tentar animá-lo, mas Mozart sabia que a morte não estava longe. A irmã de Constanze, Sophie, foi buscar um padre, e o Dr. Closset foi chamado naquela noite, vindo do teatro, mas nada pôde fazer. Mozart morreu às cinco para uma da manhã de 5 de dezembro de 1791, com a idade de trinta e cinco anos. Houve muita controvérsia posterior no que diz respeito à causa de sua morte. Algumas autoridades acreditam que ele morreu de um tipo de febre reumática; outros defendem a teoria de que Mozart estava sofrendo de insuficiência renal progressiva e morreu após o estabelecimento de um coma urêmico.

No álbum de seu marido, Constanze escreveu logo após à sua morte: "Marido ternamente amado; Mozart – que nunca será esquecido por mim ou por toda a Europa – agora tu descansas em paz – eterna paz!!. . . Cerca de uma hora da manhã de 5 de dezembro deste ano, ele partiu, no seu trigésimo sexto ano – ai! cedo demais! – esse mundo bom – mas ingrato! – bom Deus! – Por oito anos estivemos unidos pelo laço mais terno, nunca a ser rompido aqui na terra! – Ó! se eu pudesse logo me juntar a você para sempre. Tua esposa dolorosamente aflita Constanze Mozart *née* Weber."

Constanze viveria mais cinqüenta anos. Ela morreu em 1842, depois de casar-se com um homem que conheceu em 1797, Georg Nikolaus Nissen. Nos anos que se seguiram imediatamente à morte de Wolfgang, ela se dedicou a organizar concertos das obras de seu marido, viajando amplamente pela Alemanha e pela Boêmia, sem aparentemente apresentar nenhum sinal da saúde frágil que a tinha perseguido durante os últimos anos de Mozart.

Juntamente com os tributos que apareciam na imprensa ligada à música, começaram a espalhar-se rumores em relação ao modo pelo qual Mozart morrera. Por seu corpo ter inchado depois da morte, a idéia de que ele tinha sido envenenado ganhou força, e o nome de Salieri foi relacionado ao crime. A estória tornou-se grandemente difundida novamente na década de 1820, quando Salieri, mentalmente desequilibrado, afirmava nos seus delírios ter se livrado de Mozart envenenando-o, e a possibilidade nunca foi completamente eliminada. Porém, é verdade que parece ser extremamente improvável que isso tenha acontecido, e o médico vienense Dr. Eduard Guldener ganha a nossa simpatia com a sua declaração pública da inocência de Salieri em 1824: "Terei o máximo prazer", ele escreveu, "se isso contribuir para comprovar que é falsa a horrível calúnia que pesa sobre o excelente Salieri".

O enterro de Mozart é um outro aspecto controverso. Muitas vezes se disse que ele teve um funeral de um pobretão, mas a evidência sugere que, embora tenha sido modesto, não foi distante dos padrões em uso na época. Era freqüente serem feitos funerais cujos procedimentos eram muito simples, de acordo com a solicitação expressa do já falecido imperador José II. Houve um rápido serviço numa capela lateral da Catedral de S. Stephen, assistido por uns poucos companheiros de maçonaria. Dentre os presentes se encontravam o barão van Swieten, que rapidamente veio em auxílio de Constanze, e Salieri. O fato de que nenhum deles tenha seguido o corpo até o cemitério de S. Marx, onde foi enterrado num túmulo comum, mais uma vez parece estar de acordo com os hábitos da época entre pessoas esclarecidas.

Uma placa assinala agora o local, na catedral de S. Stephen, onde o serviço do funeral foi realizado, mas Constanze não providenciou nenhum memorial a ser erigido em memória de seu marido, sentindo-se confiante de que a posteridade se encarregaria disso. Ela e as duas crianças que sobreviveram, Karl e Franz Xaver, o último a nascer, logo começaram a receber ajuda financeira de inúmeras fontes. Houve concertos beneficentes, Beethoven tocou um concerto de Mozart durante uma produção em Viena de *La clemenza di Tito,* Frederico Guillherme da Prússia pagou bom preço por alguns manuscritos, e o imperador Leopoldo concedeu uma pensão. Franz Xaver tornou-se um músico modestamente bem-sucedido, Karl um proprietário de terra muito respeitado na Itália, seus bens adquiridos com renda proveniente de apresentações do *Figaro* em Paris.

Quanto a seu pai, quase duzentos anos depois de sua morte, nós ainda não somos capazes de fazer justiça a seu gênio grandioso através de palavras. Surpreendente em todos os muitos tipos de música a que se dedicou, soberbo na música sinfônica e de câmara, foi o criador do concerto para piano como o conhecemos, produziu obras corais magníficas para a igreja, e talvez tenha sido o maior de todos os compositores de ópera. Por algum tempo a verdadeira dimensão de Mozart enquanto compositor ficou obscurecida, em parte devido a sua reputação de irresponsabilidade pessoal que ainda persistia. Dois anos após a sua morte, um almanaque de óbitos para o ano de 1791 trazia esse parágrafo pouco simpático acerca de Mozart: "Em Viena, ele casou-se com Constanze Weber, que provou ser uma boa mãe para as duas crianças que resultaram dessa união, e também uma esposa digna que, além disso, procurou contê-lo no que diz respeito a suas muitas tolices e excessos. Apesar de uma renda considerável ele, ainda assim, em conseqüência de sua sensualidade excepcional e desordem doméstica, não deixou para sua família nada além da glória de seu nome e a atenção de um grande público voltada para eles." Um colunista da época observou que Mozart tinha grande prazer na condução da batalha que travava com Salieri e seus outros rivais, e alegou que ele jogava bilhar, apostando alto, a noite inteira – "ele era muito irresponsável, mas sua esposa o desculpava".

Karoline Pichler, ao escrever suas memórias em 1840, referiu-se a como conheceu Mozart e Haydn: "Eles eram homens que, dentro do relacionamento pessoal, não apresentavam nenhum outro sinal de poder intelectual extraordinário e quase nenhuma manifestação de cultura erudita ou quaisquer outros interesses intelectuais ou superiores. Uma disposição mental bastante ordinária, brincadeiras bobas e, no caso do primeiro, um modo de vida irresponsável, era o que os distinguia em sociedade."

Ao olharmos retrospectivamente para a vida de Mozart, podemos notar a visão perspicaz da irmã de Mozart, Nannerl, quando disse, com bastante simplicidade, que ele permaneceu sendo uma criança todos esses anos. As questões práticas, que ocupam e satisfazem tantos adultos, não tinham qualquer sentido para ele. Ele só estava verdadeiramente vivo quando criava música na solidão de seu quarto, de forma que sua existência real permaneceu oculta – como da Ponte a definiu, escrevendo de Nova York em 1830, "como uma pedra preciosa enterrada nas entranhas da terra".

Somente quando Mozart foi enterrado o mundo começou a ter consciência da vida abundante que ele nos havia legado.

CRONOLOGIA

1756 – Nasce em Salzburgo, no dia 27 de janeiro.

1761 – Compõe as suas primeiras peças, um Andante e um Allegro para teclado solo.

1762 – Toca diante do Príncipe Eleitor da Bavária. Em setembro vai a Viena, onde Mozart e sua irmã Nannerl se apresentam diante da imperatriz Maria Theresa duas vezes.

1763 – Começo de sua grande excursão. Concertos em, entre outros lugares, Munique, Augsburgo, Mainz e Frankfurt, a caminho de Paris, onde ficam por cinco meses. A música de Mozart aparece impressa pela primeira vez: dois pares de sonatas para teclado.

1764 – Chega na Inglaterra e fica por quinze meses, tendo conhecido J.C. Bach.

1765 – Concertos nos Países Baixos, onde as duas crianças ficam muito doentes.

1766 – De volta a Salzburgo, Mozart organiza alguns concertos com sonatas de vários compositores, e escreve o *intermezzo* latino *Apollo et Hyacinthus* para a cerimônia de formatura da universidade.

1767 – Para Viena. Tanto Wolfgang quanto Nannerl contraem varíola.

1768 – *La finta semplice*, composta para Viena, mas não apresentada lá. Um Singspiel* de um ato, *Bastien und Bastienne*, encomendada pelo Dr. Franz Anton Mesmer, o inventor da "terapia do magnetismo".

1769 – É nomeado terceiro *Konzertmeister* da Capela da Corte de Salzburgo.

1770 – Leopold e Wolfgang na Itália; o conde Firmian é o principal protetor deles em Milão. Mozart escreve seu primeiro quarteto de cordas. Conhece o padre Martini, compositor, e o famoso castrato Farinelli. Depois de ouvir o *Miserere*, de Allegri, na Capela Sistina, Mozart o escreve de memória. Em Roma, é feito Cavaleiro da Espora Dourada. *Mitridate* faz grande sucesso em Milão.

1771 – Uma segunda visita à Itália, quando vê a apresentação de estréia de uma serenata, *Ascanio in Alba*.

---

* Tipo de peça musical popular na Alemanha, sobretudo no final do século XVIII, caracterizada pelos diálogos falados que se alternam com canções populares e tradicionais. (N. T.)

1772 – Escreve uma serenata dramática, *Il sogno di Scipione*, para a cerimônia de posse do novo príncipe-arcebispo, conde Colloredo, e começa a receber uma renda de cento e cinqüenta florins como *Konzertmeister*, mas Leopold e Wolfgang estão ansiosos para sair de Salzburgo. Terceira excursão italiana; *Lucio Silla* apresentado em Milão.

1773 – Escreve quartetos K168-173 em Viena. Diversas sinfonias (as sinfonias de Salzburgo) neste ano e no seguinte, destacando-se a K183 em sol menor e a K201 em lá maior.

1775 – Estréias de *La finta giardiniera* e *Il rè pastore*. Composição de cinco concertos de violino.

1776 – Diversos concertos para piano. *Serenata notturna*. Serenata Haffner. Missas para a capela da corte.

1777 – Irrompe a insatisfação com Colloredo. Mozart deixa de trabalhar a seu serviço e começa a excursionar com sua mãe, visitando Mannheim, onde não consegue obter uma posição na corte mas compõe alguns quartetos com flauta e concertos, além de se apaixonar por uma cantora, Aloysia Weber.

1778 – Excursão a Paris; sua mãe morre. *Sinfonia Paris*. Leopold insiste com Wolfgang para que volte a Salzburgo; ele o faz, relutantemente. Nenhuma encomenda ou posição de importância lhe são oferecidas.

1779 – Obtém a colocação esperada como Organista da Corte em Salzburgo. Sinfonias K318 e K319. *Sinfonia Concertante para Violino e Viola* K364. *Missa da Coroação*.

1780 – Escreve *Idomeneo* para Munique. Aloysia Weber casa-se com o ator da corte, Joseph Lange, que posteriormente pintou um retrato (inacabado) famoso de Mozart.

1781 – Arcebispo convoca Mozart a Viena para a posse do imperador José II. Mozart finalmente deixa de trabalhar para Colloredo e tem esperanças de um futuro melhor em Viena, onde se torna cada vez mais íntimo da irmã de Aloysia, Constanze. Competição com Clementi.

1782 – *O Rapto do Serralho*. Sinfonia Haffner. Casa com Constanze.

1783 – Nasce seu primeiro filho, Raimund Leopold. Depois de diversos atrasos, eles viajam para Salzburgo para que Leopold conheça Constanze; ficam lá por cerca de três meses, e durante esse período o bebê morre. Retornando via Linz, Mozart compõe a K425, a *Sinfonia Linz*, em "velocidade alucinante".

1784 – Inicia um catálogo de suas obras. Torna-se maçom. Seis concertos para piano.

1785 – Reputação como compositor e pianista atinge o auge. Três novos concertos para piano. Publicação de seis quartetos de corda dedicados a Haydn; recebe elogios de Haydn.

1786 – *O Empresário* é apresentado na Orangery, no Palácio de Schönbrunn. Estréia de *As Bodas de Fígaro*. Concertos para piano em lá (K488), dó menor (K491) e dó maior (K503).

1787 – *Sinfonia Praga* (K504) apresentada numa visita a essa cidade. Depois de alguns meses volta a Viena, retorna a Praga para a primeira produção de *Don Giovanni.* Quintetos de cordas em dó maior e sol menor. Sucessor de Gluck como *Kammermusicus* da corte.

1788 – Cartas a Michael Puchberg, um companheiro maçom, implorando empréstimos. As três últimas sinfonias.

1789 – Viajando por Praga, Dresden e Leipzig (onde improvisa no órgão de Bach), visita Potsdam e Berlim, concordando em escrever alguns quartetos para o rei Frederico Guilherme II (K575, 589 e 590). *Quinteto com Clarinete* para Anton Stadler.

1790 – Estréia de *Così fan tutte.* Viaja não oficialmente a Frankfurt para assistir às festividades de coroação do novo imperador, Leopold II.

1791 – Petição indeferida visando o posto de *Kapellmeister* na catedral de S. Stephen. Encomenda misteriosa de Missa Réquiem. *La clemenza di Tito* e *A Flauta Mágica. Concerto para Clarinete* a Anton Stadler. Morte em Viena, 5 de dezembro.

LEITURA ADICIONAL

Anderson, Emily (org.), *Letters of Mozart and his Family*, Londres, 1938; editor da edição revista A. Hyatt King e M. Carolan, Londres e Nova York, 1966.

BBC Music Guides, *Mozart Chamber Music* (A. Hyatt King), Londres, 1968 [Ed. bras.: *Mozart: Música de Câmara*, Rio, Zahar, 1984]; *Mozart Piano Concertos* (Phillip Radcliffe), Londres, 1978; *Mozart Wind and String Concertos* (A. Hyatt King), Londres, 1978.

Blom, Eric, *Mozart*, Nova York, 1949; edição revista, Londres, 1974.

Brophy, Brigid, *Mozart the Dramatist*, Londres e Nova York, 1964.

Dent, Edward J., *Mozart's Operas*, Londres e Nova York, 1955 (terceira edição).

Deutsch, Otto Erich, *Mozart: A Documentary Biography*, Londres, 1965; Stanford, Calif., 1966.

— *Mozart and his World in Contemporary Pictures*, Londres e Nova York, 1961.

Hutchings, Arthur, *A Companion to Mozart's Piano Concertos*, Londres e Nova York, 1950 (segunda edição).

— *Mozart: the Man, the Musician*, Londres e Nova York, 1976.

Keys, Ivor, *Mozart: his Music in his Life*, Londres, 1980.

Landon, H.C. Robbins, *Haydn: A Documentary Study*, Londres e Nova York, 1981.

— e **Mitchell, Donald,** (orgs.) *The Mozart Companion*, Londres, 1965 (segunda edição); Nova York, 1970.

Levey, Michael, *The Life and Death of Mozart*, Londres e Nova York, 1971.

Mann, William, *The Operas of Mozart*, Nova York, 1976; Londres, 1977.

Osborne, Charles, *The Complete Operas of Mozart*, Londres e Nova York, 1978.

Ottaway, Hugh, *Mozart*, Londres, 1979; Detroit, 1980.

Raynor, Henry, *Mozart*, Londres, 1978.

Sadie, Stanley, *Mozart*, Londres, 1966; Nova York, 1970.

Schenk, Erich, *Mozart and his Times*, Nova York, 1959; Londres, 1960.

LISTA DE ILUSTRAÇÕES

ÍNDICE ANALÍTICO *

*Os números em itálico referem-se a ilustrações.